Original illisible

NF Z 43-120-10

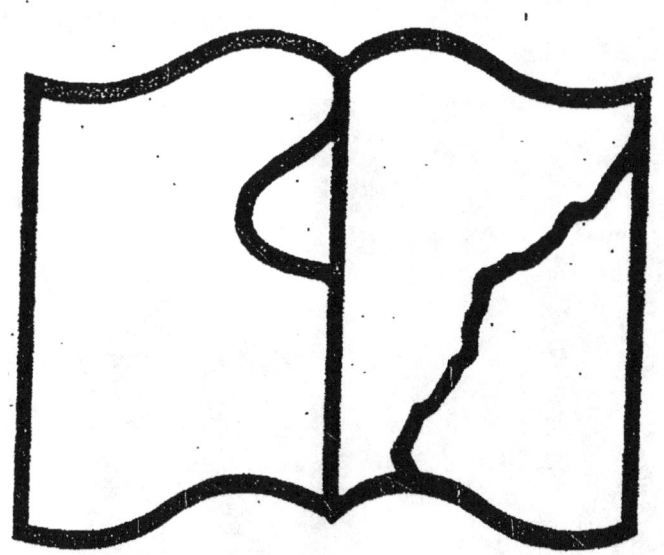

Texte détérioré — reliure défectueuse

NF Z 43-120-11

"VALABLE POUR TOUT OU PARTIE DU DOCUMENT REPRODUIT".

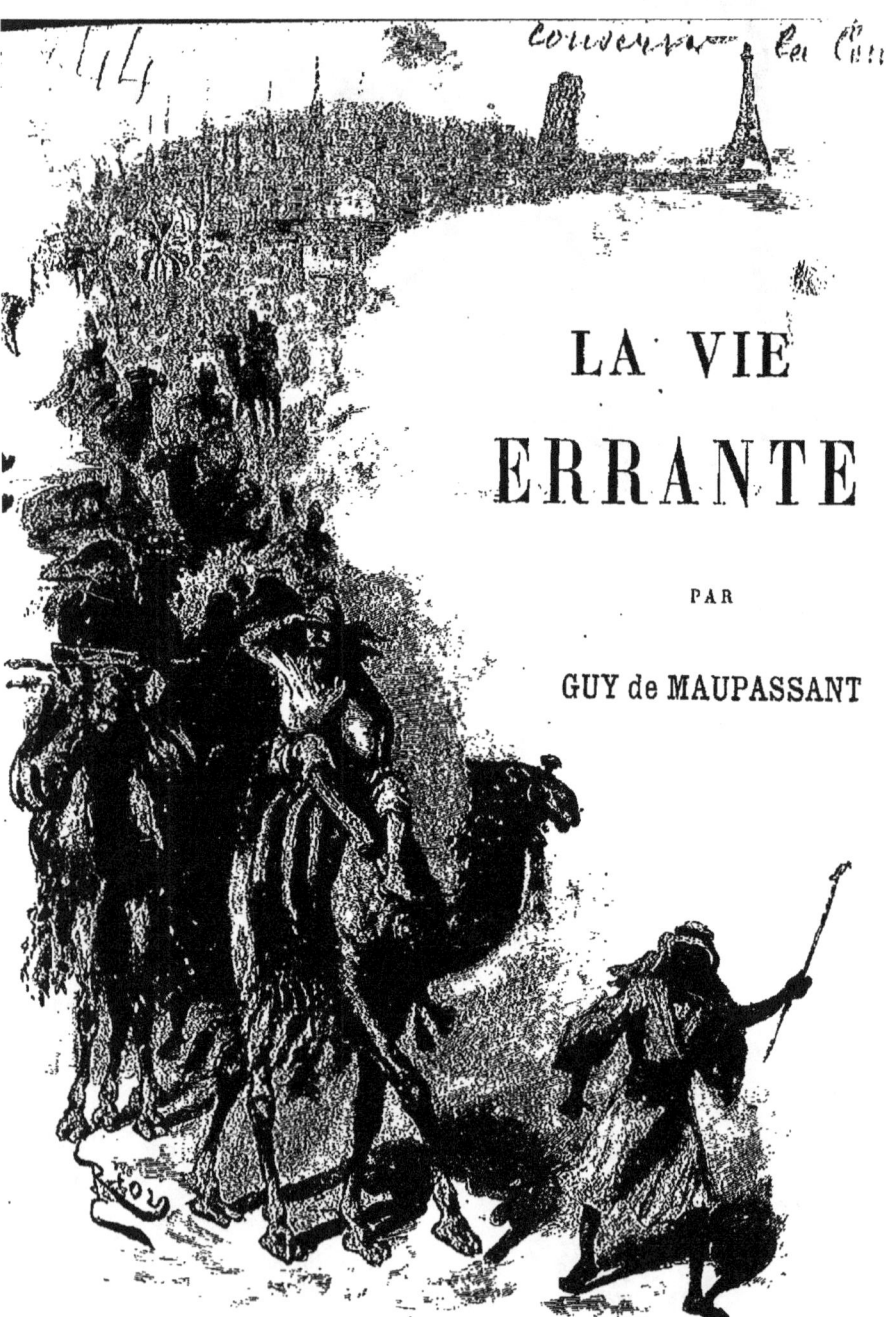

LA VIE ERRANTE

PAR

GUY de MAUPASSANT

PARIS. — PAUL OLLENDORFF, ÉDITEUR
28 bis, RUE DE RICHELIEU, 28 bis.

Tous droits réservés.

LA
VIE ERRANTE

DU MÊME AUTEUR

LES SOEURS RONDOLI.

MONSIEUR PARENT.

LE HORLA.

PIERRE ET JEAN.

CLAIR DE LUNE.

LA MAIN GAUCHE.

FORT COMME LA MORT.

En préparation :

NOTRE COEUR.

LA
VIE ERRANTE

PAR

GUY DE MAUPASSANT

PARIS

PAUL OLLENDORFF, ÉDITEUR

28 *bis*, RUE DE RICHELIEU

—

1890

Tous droits de traduction et de reproduction réservés pour tous les pays
y compris la Suède et la Norvège.

IL A ÉTÉ TIRÉ A PART

105 EXEMPLAIRES SUR PAPIER DE LUXE
NUMÉROTÉS A LA PRESSE

Cinq exemplaires sur papier du Japon, 1 à 5;
Cent exemplaires sur papier de Hollande, 6 à 105.

LA VIE ERRANTE

I

LASSITUDE

J'ai quitté Paris et même la France, parce que la tour Eiffel finissait par m'ennuyer trop.

Non seulement on la voyait de partout, mais on la trouvait partout, faite de toutes les matières connues, exposée à toutes les vitres, cauchemar inévitable et torturant.

Ce n'est pas elle uniquement d'ailleurs qui m'a donné une irrésistible envie de vivre seul pendant quelque temps, mais tout ce qu'on a fait autour d'elle, dedans, dessus, aux environs.

Comment tous les journaux vraiment ont-ils osé nous parler d'architecture nouvelle à propos de cette carcasse métallique, car l'architecture, le plus incompris et le plus oublié des arts aujourd'hui, en est peut-être aussi le plus esthétique, le plus mystérieux et le plus nourri d'idées?

Il a eu ce privilège à travers les siècles de symboliser pour ainsi dire chaque époque, de résumer, par un très petit nombre de monuments typiques, la manière de penser, de sentir et de rêver d'une race et d'une civilisation.

Quelques temples et quelques églises, quelques palais et quelques châteaux contiennent à peu près toute l'histoire de l'art à travers le monde, expriment à nos yeux mieux que des livres, par l'harmonie des lignes et le charme de l'ornementation, toute la grâce et la grandeur d'une époque.

Mais je me demande ce qu'on conclura de notre génération si quelque prochaine émeute ne déboulonne pas cette haute et maigre pyramide d'échelles de fer, squelette disgracieux et géant, dont la base semble faite pour porter un formidable monument de Cyclopes et qui avorte en un ridicule et mince profil de cheminée d'usine.

C'est un problème résolu, dit-on. Soit, — mais

il ne servait à rien! — et je préfère alors à cette conception démodée de recommencer la naïve tentative de la tour de Babel, celle qu'eurent, dès le douzième siècle, les architectes du campanile de Pise.

L'idée de construire cette gentille tour à huit étages de colonnes de marbre, penchée comme si elle allait toujours tomber, de prouver à la postérité stupéfaite que le centre de gravité n'est qu'un préjugé inutile d'ingénieur et que les monuments peuvent s'en passer, être charmants tout de même, et faire venir après sept siècles plus de visiteurs surpris que la tour Eiffel n'en attirera dans sept mois, constitue, certes, un problème, — puisque problème il y a, — plus original que celui de cette géante chaudronnerie, badigeonnée pour des yeux d'Indiens.

Je sais qu'une autre version veut que le campanile se soit penché tout seul. Qui le sait? Le joli monument garde son secret toujours discuté et impénétrable.

Peu m'importe, d'ailleurs, la tour Eiffel. Elle ne fut que le phare d'une kermesse internationale, selon l'expression consacrée, dont le souvenir me hantera comme le cauchemar, comme la vision réalisée de l'horrible spectacle que peut donner à un homme dégoûté la foule humaine qui s'amuse.

Je me garderai bien de critiquer cette colossale entreprise politique, l'Exposition universelle, qui a montré au monde, juste au moment ou il fallait le faire, la force, la vitalité, l'activité et la richesse inépuisable de ce pays surprenant : la France.

On a donné un grand plaisir, un grand divertissement et un grand exemple aux peuples et aux bourgeoisies. Ils se sont amusés de tout leur cœur. On a bien fait et ils ont bien fait.

J'ai seulement constaté, dès le premier jour, que je ne suis pas créé pour ces plaisirs-là.

Après avoir visité avec une admiration profonde la galerie des machines et les fantastiques découvertes de la science, de la mécanique, de la physique et de la chimie modernes; après avoir constaté que la danse du ventre n'est amusante que dans les pays où on agite des ventres nus, et que les autres danses arabes n'ont de charme et de couleur que dans les ksours blancs d'Algérie, je me suis dit qu'en définitive aller là de temps en temps serait une chose fatigante mais distrayante, dont on se reposerait ailleurs, chez soi où chez ses amis.

Mais je n'avais point songé à ce qu'allait devenir Paris envahi par l'univers.

Dès le jour, les rues sont pleines, les trottoirs roulent des foules comme des torrents grossis. Tout cela descend vers l'Exposition, ou en revient, ou y retourne. Sur les chaussées, les voitures se tiennent comme les wagons d'un train sans fin. Pas une n'est libre, pas un cocher ne consent à vous conduire ailleurs qu'à l'Exposition, ou à sa remise quand il va relayer. Pas de coupés aux cercles. Ils travaillent maintenant pour le rastaquouère étranger; pas une table aux restaurants, et pas un ami qui dîne chez lui ou qui consente à dîner chez vous.

Quand on l'invite, il accepte à la condition qu'on banquettera sur la tour Eiffel. C'est plus gai. Et tous, comme par suite d'un mot d'ordre, ils vous y convient ainsi tous les jours de la semaine, soit pour déjeuner, soit pour dîner.

Dans cette chaleur, dans cette poussière, dans cette puanteur, dans cette foule de populaire en goguette et en transpiration, dans ces papiers gras traînant et voltigeant partout, dans cette odeur de charcuterie et de vin répandu sur les bancs, dans ces haleines de trois cent mille bouches soufflant le relent de leurs nourritures, dans le coudoiement, dans le frôlement, dans l'emmêlement de toute cette chair échauffée, dans cette sueur confondue de tous les peuples semant leurs puces sur les sièges et par les chemins, je trouvais bien légitime qu'on allât manger une fois ou deux, avec dégoût et curiosité, la cuisine de cantine des gargotiers aériens, mais je jugeais stupéfiant qu'on pût dîner, tous les soirs, dans cette crasse et dans cette cohue, comme le faisait la bonne société, la société délicate, la société d'élite, la société fine et maniérée qui, d'ordinaire, a des nausées devant le peuple qui peine et sent la fatigue humaine.

Cela prouve d'ailleurs, d'une façon définitive, le triomphe complet de la démocratie.

Il n'y a plus de castes, de races, d'épidermes aristocrates. Il n'y a plus chez nous que des gens riches et des gens pauvres. Aucun autre classement ne peut différencier les degrés de la société contemporaine.

Une aristocratie d'un autre ordre s'établit qui vient de triompher à l'unanimité à cette Exposition universelle, l'aristocratie de la science, ou plutôt de l'industrie scientifique.

Quant aux arts, ils disparaissent; le sens même

s'en efface dans l'élite de la nation, qui a regardé sans protester l'horripilante décoration du dôme central et de quelques bâtiments voisins.

Le goût italien moderne nous gagne, et la contagion est telle que les coins réservés aux artistes, dans ce grand bazar populaire et bourgeois qu'on vient de fermer, y prenaient aussi des aspects de réclame et d'étalage forain.

Je ne protesterais nullement d'ailleurs contre l'avènement et le règne des savants scientifiques, si la nature de leur œuvre et de leurs découvertes ne me contraignait de constater que ce sont, avant tout, des savants de commerce.

Ce n'est pas leur faute, peut-être. Mais on dirait que le cours de l'esprit humain s'endigue entre deux murailles qu'on ne franchira plus : l'industrie et la vente.

Au commencement des civilisations, l'âme de l'homme s'est précipitée vers l'art. On croirait qu'alors une divinité jalouse lui a dit : « Je te défends de penser davantage à ces choses-là. Mais songe uniquement à ta vie d'animal, et je te laisserai faire des masses de découvertes. »

Voilà, en effet, qu'aujourd'hui l'émotion séductrice et puissante des siècles artistes semble éteinte, tandis que des esprits d'un tout autre ordre s'éveillent qui inventent des machines de toute sorte, des appareils surprenants, des mécaniques aussi compliquées que les corps vivants, ou qui, combinant des substances, obtiennent des résultats stupéfiants et admirables. Tout cela pour servir aux besoins physiques de l'homme, ou pour le tuer.

Les conceptions idéales, ainsi que la science pure et désintéressée, celle de Galilée, de Newton, de Pascal, nous semblent interdites, tandis que notre imagination paraît de plus en plus excitable par l'envie de spéculer sur les découvertes utiles à l'existence.

Or, le génie de celui qui, d'un bond de sa pensée, est allé de la chute d'une pomme à la grande loi qui régit les mondes, ne semble-t-il pas né d'un germe plus divin que l'esprit pénétrant de l'inventeur américain, du miraculeux fabricant de sonnettes, de porte-voix et d'appareils lumineux.

N'est-ce point là le vice secret de l'âme moderne, la marque de son infériorité dans un triomphe?

J'ai peut-être tort absolument. En tout cas, ces choses, qui nous intéressent, ne nous pas-

LASSITUDE.

sionnent pas comme les anciennes formes de la pensée, nous autres, esclaves irritables d'un rêve de beauté délicate, qui hante et gâte notre vie.

J'ai senti qu'il me serait agréable de revoir Florence, et je suis parti.

II

LA NUIT

Sortis du port de Cannes à trois heures du matin, nous avons pu recueillir encore un reste des faibles brises que les golfes exhalent vers la mer pendant la nuit. Puis un léger souffle du large est venu, poussant le yacht couvert de toile vers la côte italienne.

C'est un bateau de vingt tonneaux tout blanc avec un imperceptible fil doré qui le contourne comme une mince cordelière sur un flanc de cygne. Ses voiles en toile fine et neuve, sous le soleil d'août qui jette des flammes sur l'eau, ont l'air d'ailes de soie argentée déployées dans le firmament bleu. Ses trois focs s'envolent en avant, triangles légers qu'arrondit l'haleine du vent, et la grande misaine est molle, sous la flèche aiguë qui dresse, à dix-huit mètres au dessus du pont, sa pointe éclatante par le ciel. Tout à l'arrière, la dernière voile, l'artimon, semble dormir.

Et tout le monde bientôt sommeille sur le pont. C'est un après-midi d'été, sur la Méditerranée. La dernière brise est tombée. Le soleil féroce emplit le ciel et fait de la mer une plaque molle et bleuâtre, sans mouvement et sans frissons, endormie aussi, sous un miroitant duvet de brume qui semble la sueur de l'eau.

Malgré les tentes que j'ai fait établir pour me mettre à l'abri, la chaleur est telle sous la toile que je descends au salon me jeter sur un divan.

Il fait toujours frais dans l'intérieur. Le bateau est profond, construit pour naviguer dans les mers du Nord et supporter les gros temps. On peut vivre, un peu à l'étroit, équipage et passagers, à six ou sept personnes dans cette petite demeure flottante et on peut asseoir huit convives autour de la table du salon.

L'intérieur est en pin du nord verni, avec encadrements de teck, éclairé par les cuivres des serrures, des ferrures, des chandeliers, tous les cuivres jaunes et gais qui sont le luxe des yachts.

Comme c'est bizarre ce changement, après la clameur de Paris! Je n'entends plus rien, mais rien, rien. De quart d'heure en quart d'heure, le matelot qui s'assoupit à la barre, toussote et crache. La petite pendule suspendue contre la cloison de bois fait un bruit qui semble formidable dans ce silence du ciel et de la mer.

Et ce minuscule battement troublant seul l'immense repos des éléments me donne soudain la surprenante sensation des solitudes illimitées où les murmures des mondes, étouffés à quelques mètres de leurs surfaces, demeurent imperceptibles dans le silence universel!

Il semble que quelque chose de ce calme éternel de l'espace descend et se répand sur la mer immobile, par ce jour étouffant d'été. C'est quelque chose d'accablant, d'irrésistible, d'endormeur, d'anéantissant, comme le contact du vide infini. Toute la volonté défaille, toute pensée s'arrête, le sommeil s'empare du corps et de l'âme.

Le soir venait quand je me réveillai. Quelques souffles de brise crépusculaire, très inespérés d'ailleurs, nous poussèrent encore jusqu'au soleil couché.

Nous étions assez près des côtes, en face d'une ville, San-Remo, sans espoir de l'atteindre. D'autres villages ou petites cités, s'étalant au pied de la haute montagne grise, ressemblaient à des tas de linge blanc mis à sécher sur les plages. Quelques brumes fumaient sur les pentes des Alpes, effaçaient les vallées en rampant vers les sommets dont les crêtes dessinaient une immense ligne dentelée dans un ciel rose et lilas.

Et la nuit tomba sur nous, la montagne disparut, des feux s'allumèrent au ras de l'eau tout le long de la grande côte.

Une bonne odeur de cuisine, sortit de l'intérieur du yacht, se mêlant agréablement à la bonne et fraîche odeur de l'air marin.

Lorsque j'eus dîné, je m'étendis sur le pont. Ce jour tranquille de flottement avait nettoyé mon esprit comme un coup d'éponge sur une vitre ternie; et des souvenirs en foule surgissaient dans ma pensée, des souvenirs sur la vie que je venais de quitter, sur des gens connus, observés ou aimés.

Être seul, sur l'eau, et sous le ciel, par une nuit chaude, rien ne fait ainsi voyager l'esprit et vagabonder l'imagination. Je me sentais surexcité, vibrant, comme si j'avais bu des vins capiteux, respiré de l'éther ou aimé une femme.

Une petite fraîcheur nocturne mouillait la peau d'un imperceptible bain de brume salée.

Le frisson savoureux de ce tiède refroidissement de l'air courait sur les membres, entrait dans les poumons, béatifiait le corps et l'esprit en leur immobilité.

Sont-ils plus heureux ou plus malheureux ceux qui reçoivent leurs sensations par toute la surface de leur chair autant que par leurs yeux, leur bouche, leur odorat ou leurs oreilles?

C'est une faculté rare et redoutable, peut-être, que cette excitabilité nerveuse et maladive de l'épiderme et de tous les organes qui fait une émotion des moindres impressions physiques et qui, suivant les températures de la brise, les senteurs du sol et la couleur du jour, impose des souffrances, des tristesses et des joies.

Ne pas pouvoir entrer dans une salle de théâtre, parce que le contact des foules agite inexplicablement l'organisme entier, ne pas pouvoir pénétrer dans une salle de bal parce que la gaieté banale et le mouvement tournoyant des valses irrite comme une insulte, se sentir lugubre à pleurer ou joyeux sans raison suivant la décoration, les tentures et la décomposition de la lumière dans un logis, et rencontrer quelquefois par des combinaisons de perceptions, des satisfactions physiques que rien ne peut révéler aux gens d'organisme grossier, est-ce un bonheur ou un malheur?

Je l'ignore; mais, si le système nerveux n'est pas sensible jusqu'à la douleur ou jusqu'à l'extase, il ne nous communique que des commotions moyennes, et des satisfactions vulgaires.

Cette brume de la mer me caressait, comme un bonheur. Elle s'étendait sur le ciel, et je regardais avec délices les étoiles enveloppées de ouate, un peu pâlies dans le firmament sombre et blanchâtre. Les côtes avaient disparu derrière cette vapeur qui flottait sur l'eau et nimbait les astres.

On eût dit qu'une main surnaturelle venait d'empaqueter le monde, en des nuées fines de coton, pour quelque voyage inconnu.

Et tout à coup, à travers cette ombre neigeuse, une musique lointaine venue on ne sait d'où, passa sur la mer. Je crus qu'un orchestre aérien errait dans l'étendue pour me donner un concert. Les sons affaiblis, mais clairs, d'une sonorité charmante, jetaient par la nuit douce un murmure d'opéra.

Une voix parla près de moi.

« Tiens, disait un marin, c'est aujourd'hui

dimanche et voilà la musique de San Remo qui joue dans le jardin public. »

J'écoutais, tellement surpris que je me croyais le jouet d'un joli songe. J'écoutai longtemps, avec un ravissement infini, le chant nocturne envolé à travers l'espace.

Mais voilà qu'au milieu d'un morceau il s'enfla, grandit, parut accourir vers nous. Ce fut d'un effet si fantastique et si surprenant que je me dressai pour écouter. Certes, il venait, plus distinct et plus fort de seconde en seconde. Il venait à moi, mais comment? Sur quel radeau fantôme allait-il apparaître ? Il arrivait, si rapide, que, malgré moi, je regardai dans l'ombre avec des yeux émus; et tout à coup je fus noyé dans un souffle chaud et parfumé d'aromates sauvages qui s'épandait comme un flot plein de la senteur violente des myrtes, des menthes, des citronnelles, des immortelles, des lentisques, des lavandes, des thyms, brûlés sur la montagne par le soleil d'été.

C'était le vent de terre qui se levait, chargé des haleines de la côte et qui emportait aussi vers le large, en la mêlant à l'odeur des plantes alpestres, cette harmonie vagabonde.

Je demeurais haletant, si grisé de sensations, que le trouble de cette ivresse fit délirer mes sens. Je ne savais plus vraiment si je respirais de la musique, ou si j'entendais des parfums, ou si je dormais dans les étoiles.

Cette brise de fleurs nous poussa vers la pleine mer en s'évaporant par la nuit. La musique alors lentement s'affaiblit, puis se tut, pendant que le bateau s'éloignait dans les brumes.

Je ne pouvais pas dormir, et je me demandais comment un poète moderniste, de l'école dite symboliste, aurait rendu la confuse vibration nerveuse dont je venais d'être saisi et qui me paraît, en langage clair, intraduisible. Certes, quelques-uns de ces laborieux exprimeurs de la multiforme sensibilité artiste s'en seraient tirés à leur honneur, disant en vers euphoniques, pleins de sonorités intentionnelles, incompréhensibles et perceptibles cependant, ce mélange inexprimable de sons parfumés, de brume étoilée et de brise marine, semant de la musique par la nuit.

Un sonnet de leur grand patron Baudelaire me revint à la mémoire :

La nature est un temple où de vivants piliers
Laissent parfois sortir de confuses paroles.
L'homme y passe à travers des forêts de symboles
Qui l'observent avec des regards familiers.

Comme de longs échos qui de loin se confondent
Dans une ténébreuse et profonde unité
Vaste comme la nuit et comme la clarté,
Les parfums, les couleurs et les sons se répondent.

Il est des parfums frais comme des chairs d'enfants,
Doux comme les hautbois, verts comme les prairies,
— Et d'autres corrompus, riches et triomphants,

Ayant l'expansion des choses infinies
Comme l'ambre, le musc, le benjoin et l'encens,
Qui chantent le transport de l'esprit et des sens.

Est-ce que je ne venais pas de sentir jusqu'aux moelles ce vers mystérieux :

Les parfums, les couleurs et les sons se répondent.

Et non seulement ils se répondent dans la nature, mais ils se répondent en nous et se confondent quelquefois « dans une ténébreuse et profonde unité », ainsi que le dit le poète, par des répercussions d'un organe sur l'autre.

Ce phénomène, d'ailleurs, est connu médicalement. On a écrit, cette année même, un grand nombre d'articles en le désignant par ces mots : l'Audition colorée.

Il a été prouvé que, chez les natures très nerveuses et très surexcitées, quand un sens reçoit un choc qui l'émeut trop fortement, l'ébranlement de cette impression se communique, comme une onde, aux sens voisins qui le traduisent à leur manière. Ainsi, la musique, chez certains êtres, éveille des visions de couleurs. C'est donc une sorte de contagion de sensibilité, transformée suivant la fonction normale de chaque appareil cérébral atteint.

Par là, on peut expliquer le célèbre sonnet d'Arthur Rimbaud, qui raconte les nuances des voyelles, vraie déclaration de foi, adoptée par l'école symboliste.

A noir, E blanc, I rouge, U vert, O bleu, voyelles,
Je dirai quelque jour vos naissances latentes,
A, noir corset velu des mouches éclatantes
Qui bourdonnent autour des puanteurs cruelles,

Golfes d'ombres; E, candeurs des vapeurs et des tentes,
Lances des glaciers fiers, rois blancs, frissons d'ombrelles;
I, pourpre, sang craché, rire des lèvres belles
Dans la colère ou les ivresses pénitentes;

U, cycles, vibrements divins des mers virides,
Paix des pâtis semés d'animaux, paix des rides
Que l'alchimie imprime aux grands fronts studieux

O, suprême clairon, plein de strideurs étranges
Silences traversés des mondes et des anges
— O l'Oméga, rayon violet de ses yeux

A-t-il tort, a-t-il raison? Pour le casseur de pierres des routes, même pour beaucoup de nos grands hommes, ce poète est un fou ou un fumiste. Pour d'autres, il a découvert et exprimé une absolue vérité, bien que ces explorateurs d'insaisissables perceptions doivent toujours différer un peu d'opinion sur les nuances et les images que peuvent évoquer en nous les vibrations mystérieuses des voyelles ou d'un orchestre.

S'il est reconnu par la science — du jour — que les notes de musique agissant sur certains organismes font apparaître des colorations, si *sol* peut être rouge, *fa* lilas ou vert, pourquoi ces mêmes sons ne provoqueraient-ils pas aussi des saveurs dans la bouche et des senteurs dans l'odorat? Pourquoi les délicats un peu hystériques ne goûteraient-ils pas toutes choses avec tous leurs sens en même temps, et pourquoi aussi les symbolistes ne révéleraient-ils point des sensibilités délicieuses aux êtres de leur race, poètes incurables et privilégiés? C'est là une simple question de pathologie artistique bien plus que de véritable esthétique.

Ne se peut-il en effet que quelques-uns de ces écrivains intéressants, névropathes par entraînement, soient arrivés à une telle excitabilité que chaque impression reçue produise en eux une sorte de concert de toutes les facultés perceptrices?

Et n'est-ce pas bien cela qu'exprime leur bizarre poésie de sons qui, tout en ayant l'air inintelligible, essaye de chanter en effet la gamme entière des sensations et de noter par les voisinages des mots, bien plus que par leur accord rationnel et leur signification connue, d'intraduisibles sens, qui sont obscurs pour nous, et clairs pour eux?

Car les artistes sont à bout de ressources, à court d'inédit, d'inconnu, d'émotion, d'images, de tout. On a cueilli depuis l'antiquité toutes les fleurs de leur champ. Et voilà que, dans leur impuissance, ils sentent confusément qu'il pourrait y avoir peut-être pour l'homme un élargissement de l'âme et de la sensation. Mais l'intelligence a cinq barrières entr'ouvertes et cadenassées qu'on appelle les cinq sens, et ce sont ces cinq barrières que les hommes épris d'art nouveau secouent aujourd'hui de toute leur force.

L'Intelligence, aveugle et laborieuse Inconnue, ne peut rien savoir, rien comprendre, rien découvrir que par les sens. Ils sont ses uniques pourvoyeurs, les seuls intermédiaires entre l'Universelle Nature et Elle. Elle ne travaille que sur les renseignements fournis par eux, et ils ne peuvent eux-mêmes les recueillir que suivant leurs qualités, leur sensibilité, leur force et leur finesse.

La valeur de la pensée dépend donc évidemment d'une façon directe de la valeur des organes, et son étendue est limitée par leur nombre.

M. Taine d'ailleurs a magistralement traité et développé cette idée.

Les Sens sont au nombre de cinq, rien que de cinq. Ils nous révèlent, en les interprétant, quelques propriétés de la matière environnante qui peut, qui doit recéler un nombre illimité d'autres phénomènes que nous sommes incapables de percevoir.

Supposons que l'homme ait été créé sans oreilles ; il vivrait tout de même à peu près de la même façon, mais pour lui l'Univers serait muet ; Il n'aurait aucun soupçon du bruit et de la musique, qui sont des vibrations transformées.

Mais s'il avait reçu en don d'autres organes, puissants et délicats, doués aussi de cette propriété de métamorphoser en perceptions nerveuses les actions et les attributs de tout l'inexploré qui nous entoure, combien plus varié serait le domaine de notre savoir et de nos émotions.

C'est en ce domaine impénétrable que chaque artiste essaye d'entrer, en tourmentant, en violentant, en épuisant le mécanisme de sa pensée. Ceux qui succombent par le cerveau, Heine, Baudelaire, Balzac, Byron vagabond, à la recherche de la mort, inconsolable du malheur d'être un grand poète, Musset, Jules de Goncourt et tant d'autres, n'ont-ils pas été brisés par le même effort pour renverser cette barrière matérielle qui emprisonne l'intelligence humaine?

Oui, nos organes sont les nourriciers et les maîtres du génie artiste. C'est l'oreille qui engendre le musicien, l'œil qui fait naître le peintre. Tous concourent aux sensations du poète. Chez le romancier la vision, en général, domine. Elle domine tellement qu'il devient facile de reconnaître, à la lecture de toute œuvre travaillée et sincère, les qualités et les propriétés physiques du regard de l'auteur. Le grossissement du détail, son importance ou sa minutie, son empiètement sur le plan et sa nature spéciale indiquent d'une façon certaine tous les degrés et les différences des myopies. La coordination de l'ensemble, la proportion des lignes et des perspectives préférées à l'observation menue, l'oubli même des petits renseignements qui sont souvent les caractéristiques d'une personne ou d'un milieu, en dénoncent-ils pas aussitôt le regard étendu, mais lâche, d'un presbyte?

III

LA COTE ITALIENNE

Tout le ciel est voilé de nuages. Le jour naissant descend grisaille, à travers ces brumes remontées dans la nuit, et qui étendent leur muraille sombre plus épaisse par places, presque blanche en d'autres, entre l'aurore et nous.

On craint vaguement, avec un serrement de cœur que, jusqu'au soir, elles n'endeuillent l'espace, et on lève sans cesse les yeux vers elles avec une angoisse d'impatience, une sorte de muette prière.

Mais on devine, aux traînées claires qui séparent leurs masses plus opaques, que l'astre au-dessus d'elles illumine le ciel bleu et leur neigeuse surface. On espère. On attend.

Peu à peu elles pâlissent, s'amincissent, semblent fondre. On sent que le soleil les brûle, les ronge, les écrase de toutes ses ardeurs, et que l'immense plafond de nuées, trop faible, cède, plie, se fend et craque sous une énorme pesée de lumière.

Un point s'allume au milieu d'elles, une lueur y brille. Une brèche est faite, un rayon glisse, oblique et long, et tombe en s'élargissant. On dirait que le feu prend à ce trou du ciel. C'est une bouche qui s'ouvre, grandit, s'embrase, avec des lèvres incendiées, et crache sur les flots une cascade de clarté dorée.

Alors, en mille endroits en même temps, la voûte des ombres se brise, s'effondre, laisse par mille plaies passer des flèches brillantes qui se répandent en pluie sur l'eau, en semant par l'horizon la radieuse gaieté du soleil.

L'air est rafraîchi par la nuit; un frisson de vent, rien qu'un frisson, caresse la mer, fait à peine frémir, en la chatouillant, sa peau bleue et moirée. Devant nous, sur un cône rocheux, large et haut qui semble sortir des flots et s'appuie contre la côte, grimpe une ville pointue, peinte en rose par les hommes, comme l'horizon par l'aurore victorieuse. Quelques maisons bleues y font des taches charmantes. On dirait le séjour choisi par une princesse des Mille et une nuits.

C'est Port-Maurice.

Quand on l'a vue ainsi, il n'y faut point aborder.

J'y suis descendu pourtant.

Dedans, une ruine. Les maisons semblent émiettées le long des rues. Tout un côté de la cité, écroulé vers la rive, peut-être à la suite du tremblement de terre, étage, du haut en bas du rocher qui les porte, des murs écrêtés et fendus, des moitiés de vieilles demeures plâtreuses, ouvertes au vent du large. Et la peinture si jolie de loin, quand elle s'harmonisait avec le jour naissant, n'est plus sur ces débris, sur ces taudis, qu'un affreux badigeonnage déteint, terni par le soleil et lavé par les pluies.

Et le long des ruelles, couloirs tortueux pleins de pierres et de poussière, une odeur flotte, innomable, mais explicable par le pied des murs, si puissante, si tenace, si pénétrantes, que je retourne à bord du yacht, les yeux salis et le cœur soulevé.

Cette ville pourtant est un chef-lieu de province. On dirait, en mettant le pied sur cette terre italienne, un drapeau de misère.

En face, de l'autre côté du même golfe, Oneglia, très sale aussi, très puante, bien que d'aspect moins sinistrement pauvre et plus vivant.

Sous la porte cochère du collège royal, ouverte à deux battants en ces jours de vacances, une vieille femme rapièce un matelas sordide.

———

Nous entrons dans le port de Savone.

Un groupe d'immenses cheminées d'usines et de fonderies, qu'alimentent chaque jour quatre ou cinq grands vapeurs anglais chargés de charbon, projettent dans le ciel, par leurs bouches géantes, des vomissements tortueux de fumée, retombés aussitôt sur la ville en une pluie noire de suie, que la brise déplace de quartier en quartier, comme une neige d'enfer.

N'allez point dans ce port, canotiers-caboteurs qui aimez garder sans tache les voiles blanches de vos petits navires.

Savone est gentille pourtant, bien italienne, avec des rues étroites, amusantes, pleine de marchands agités, de fruits étalés par terre, de tomates écarlates, de courges rondes, de raisins noirs ou jaunes et transparents comme s'ils avaient bu de la lumière, de salades vertes épluchées à la hâte et dont les feuilles semées à foison sur les pavés ont l'air d'un envahissement de la ville par les jardins.

En revenant à bord du yacht j'aperçois tout à coup, le long du quai, dans une balancelle napolitaine, sur une immense table tenant tout le pont, quelque chose d'étrange comme un festin d'assassins.

Sanglants, d'un rouge de meurtre, couvrant le bateau entier d'une couleur et, au premier coup d'œil, d'une émotion de tuerie, de massacre, de viande déchiquetée, s'étalent, devant trente matelots aux figures brunes, soixante ou cent quartiers de pastèques pourpres éventrées.

On dirait que ces hommes joyeux mangent à pleines dents de la bête saignante comme les fauves dans les cages. C'est une fête. On a invité les équipages voisins. On est content. Les bonnets rouges sur les têtes sont moins rouges que la chair du fruit.

Quand la nuit fut tout à fait tombée, je retournai dans la ville.

Un bruit de musique m'attirant me la fit traverser tout entière. Je trouvai une avenue que suivaient par groupes la bourgeoisie et le peuple, lentement, allant vers ce concert du soir, que lui donne deux ou trois fois par semaine l'orchestre municipal.

Ces orchestres, sur cette terre musicienne, valent, même dans les petites villes, ceux de nos bons théâtres. Je me rappelai celui que j'avais entendu du pont de mon bateau l'autre nuit, et dont le souvenir me restait comme celui d'une des plus douces caresses qu'une sensation m'ait jamais données.

L'avenue aboutissait sur une place qui allait se perdre sur la plage, et là, dans l'ombre à peine éclairée par les taches espacées et jaunes des becs de gaz, cet orchestre jouait je ne sais trop quoi, au bord des flots.

Les vagues un peu lourdes, bien que le vent du large fût tout à fait tombé, traînaient le long du rivage leur bruit monotone et régulier qui rythmait le chant vif des instruments ; et le firmament violet, d'un violet presque luisant, doré par une infinie poussière d'astres, laissait tomber sur nous une nuit sombre et légère. Elle couvrait de ses ténèbres transparentes la foule silencieuse à peine chuchotante, marchant à pas lents autour du cercle des musiciens ou bien assise sur les bancs de la promenade, sur de grosses pierres abandonnées le long de la grève, sur d'énormes poutres étalées à terre auprès de la haute carcasse de bois, aux côtes encore entr'ouvertes, d'un grand navire en construction.

Je ne sais pas si les femmes de Sayone sont jolies, mais je sais qu'elles se promènent presque toutes nu-tête, le soir, et qu'elles ont toutes un éventail à la main. C'était charmant, ce muet battement d'ailes prisonnières, d'ailes blanches, tachetées ou noires, entrevues, frémissantes comme de gros papillons de nuit tenus entre des doigts. On retrouvait, à chaque femme rencontrée, dans chaque groupe errant ou reposé, ce volettement captif, ce vague effort pour s'envoler des feuilles balancées qui semblaient rafraîchir l'air du soir, y mêler quelque chose de coquet, de féminin, de doux à respirer pour une poitrine d'homme.

Et voilà qu'au milieu de cette palpitation d'éventails et de toutes ces chevelures nues autour de moi, je me mis à rêver niaisement comme en des souvenirs de contes de fées, comme je faisais au collège, dans le dortoir glacé, avant de m'endormir, en songeant au roman dévoré en cachette sous le couvercle du pupitre. Parfois ainsi, au fond de mon cœur vieilli, empoisonné d'incrédulité, se réveille pendant quelques instants, mon petit cœur naïf de jeune garçon.

Une des plus belles choses qu'on puisse voir au monde : Gênes, de la haute mer.

Au fond du golfe, la ville se soulève comme si elle sortait des flots, au pied de la montagne. Le long des deux côtes qui s'arrondissent autour d'elle pour l'enfermer, la protéger et la caresser, dirait-on, quinze petites cités, des voisines, des vassales, des servantes, reflètent et baignent dans l'eau leurs maisons claires. Ce sont, à gauche de leur grande patronne, Cogoleto, Arenzano, Voltri, Pra, Pegli, Sestri-Ponente, San Pier d'Arena; et, à droite, Sturla, Quarto, Quinto, Nervi, Bogliasco, Sori, Recco, Camogli, dernière tache blanche sur le cap de Porto-Fino, qui ferme le golfe au sud-est.

Gênes au-dessus de son port immense se dresse sur les premiers mamelons des Alpes, qui s'élèvent par derrière, courbées et s'allongeant en une muraille géante. Sur le môle une tour très haute et carrée, le phare appelé « la Lanterne », a l'air d'une chandelle démesurée.

On pénètre dans l'avant-port, énorme bassin admirablement abrité où circulent, cherchant pratique, une flotte de remorqueurs, puis, après avoir contourné la jetée Est, c'est le port lui-même, plein d'un peuple de navires, de ces jolis navires du Midi et de l'Orient, aux nuances charmantes, tartanes, balancelles, mahonnes, peints, voilés et mâtés avec une fantaisie imprévue, porteurs de madones bleues et dorées, de saints debout sur la proue et d'animaux bizarres, qui sont aussi des protecteurs sacrés.

Toute cette flotte à bonnes vierges et à talismans est alignée le long des quais, tournant vers le centre des bassins leurs nez inégaux et pointus. Puis apparaissent, classés par compagnies, de puissants vapeurs en fer, étroits et hauts, avec des formes colossales et fines. Il y a encore au milieu de ces pèlerins de la mer des navires tout blancs, de grands trois-mâts ou des bricks, vêtus comme les Arabes d'une robe éclatante sur qui glisse le soleil.

Si rien n'est plus joli que l'entrée de ce port, rien n'est plus sale que l'entrée de cette ville. Le boulevard du quai est un marais d'ordures, et les rues étroites, originales, enfermées comme des corridors entre deux lignes tortueuses de maisons démesurément hautes soulèvent incessamment le cœur par leurs pestilentielles émanations.

On éprouve à Gênes ce qu'on éprouve à Florence et encore plus à Venise, l'impression d'une très aristocrate cité tombée au pouvoir d'une populace.

Ici surgit la pensée des rudes seigneurs qui se battaient ou trafiquaient sur la mer, puis, avec l'argent de leurs conquêtes, de leurs captures ou de leur commerce, se faisaient construire les étonnants palais de marbre dont les rues principales sont encore bordées.

Quand on pénètre dans ces demeures magnifiques, odieusement peinturlurées par les descendants de ces grands citoyens de la plus fière des républiques, et qu'on en compare le style, les cours, les jardins, les portiques, les galeries intérieures, toute la décorative et superbe ordonnance, avec l'opulente barbarie des plus beaux hôtels du Paris moderne, avec ces palais de millionnaires qui ne savent toucher qu'à l'argent, qui sont impuissants à concevoir, à désirer une belle chose nouvelle et à la faire naître avec leur or, on comprend alors que la vraie distinction de l'intelligence, que le sens de la beauté rare des moindres formes, de la perfection des proportions et des lignes, ont disparu de notre société démocratisée, mélange de riches financiers sans goût et de parvenus sans traditions.

C'est même une observation curieuse à faire, celle de la banalité de l'hôtel moderne. Entrez dans les vieux palais de Gênes, vous y verrez une succession de cours d'honneur à galeries et à colonnades et d'escaliers de marbre incroyablement beaux, tous différemment dessinés et conçus par de vrais artistes, pour des hommes au regard instruit et difficile.

Entrez dans les anciens châteaux de France, vous y trouverez les mêmes efforts vers l'incessante rénovation du style et de l'ornement.

Entrez ensuite dans les plus riches demeures du Paris actuel, vous y admirerez de curieux objets anciens soigneusement catalogués, étiquetés, exposés sous verre suivant leur valeur connue, cotée, affirmée par des experts, mais pas une fois vous ne resterez surpris par l'originale et neuve invention des différentes parties de la demeure elle-même.

L'architecte est chargé de construire une belle maison de plusieurs millions, et touche cinq ou dix pour cent sur les dépenses, selon la quantité de travail artiste qu'il doit introduire dans son plan.

Le tapissier, à des conditions différentes, est chargé de la décorer. Comme ces industriels n'ignorent pas l'incompétence native de leurs clients et ne se hasarderaient point à leur proposer de l'inconnu, ils se contentent de recommencer à peu près ce qu'ils ont déjà fait pour d'autres.

Quand on a visité dans Gênes ces antiques et nobles demeures, admiré quelques tableaux et surtout trois merveilles de ce chef-d'œuvrier qu'on nomme Van Dyck, il ne reste plus à voir que le Campo-Santo, cimetière moderne, musée de sculpture funèbre le plus bizarre, le plus surprenant, le plus macabre et le plus comique peut-être, qui soit au monde. Tout le long d'un immense quadrilatère de galeries, cloître géant ouvert sur un préau que les tombes des pauvres couvrent d'une neige de plaques blanches, on défile devant une succession de bourgeois de marbre qui pleurent leurs morts.

Quel mystère ! L'exécution de ces personnages atteste un métier remarquable, un vrai talent d'ouvriers d'art. La nature des robes, des vestes, des pantalons, y apparaît par des procédés de facture stupéfiants. J'y vis une toilette de moire, indiquée en cassures nettes de l'étoffe d'une incroyable vraisemblance; et rien n'est plus irrésistiblement grotesque, monstrueusement ordinaire, indignement commun, que ces gens qui pleurent des parents aimés.

A qui la faute? Au sculpteur qui n'a vu dans la physionomie de ses modèles que la vulgarité du bourgeois moderne, qui ne sait plus y trouver ce reflet supérieur d'humanité entrevu si bien par les peintres flamands quand ils exprimaient en maîtres artistes les types les plus populaires et les plus laids de leur race. — Au bourgeois peut-être que la basse civilisation démocratique a roulé comme le galet des mers en rongeant, en effaçant son caractère distinctif et qui a perdu dans ce frottement les derniers signes d'originalité dont jadis chaque classe sociale semblait dotée par la nature.

Les Génois paraissent très fiers de ce musée surprenant qui désoriente le jugement.

———

Depuis le port de Gênes jusqu'à la pointe de Porto-Fino, c'est un chapelet de villes, un égrènement de maisons sur les plages, entre le bleu de la mer et le vert de la montagne. La brise du sud-est nous force à louvoyer. Elle est faible, mais à souffles brusques qui inclinent le yacht, le lancent tout à coup en avant, ainsi qu'un cheval s'emporte, avec deux bourrelets d'écume qui bouillonnent à la proue comme une bave de bête marine. Puis le vent cesse et le bateau se calme, reprend sa petite route tranquille qui, suivant les bordées, tantôt l'éloigne, tantôt le rapproche de la côte italienne. Vers deux heures, le patron qui consultait l'horizon avec les jumelles, pour reconnaître à la voilure portée et aux amures prises par les bâtiments en vue, la force et la direction des courants d'air, en ces parages où chaque golfe donne un vent tempétueux ou léger, où les changements de temps sont rapides comme une attaque de nerfs de femme, me dit brusquement :

« Monsieur, faut amener le flèche ; les deux bricks-goëlettes qui sont devant nous viennent de serrer leurs voiles hautes. Ça souffle dur là-bas. »

L'ordre fut donné ; et la longue toile gonflée descendit du sommet du mât, glissa, pendante et flasque, palpitante encore comme un oiseau qu'on tue, le long de la misaine qui commençait à pressentir la rafale amoncelée et proche.

Il n'y avait point de vagues. Quelques petits flots seulement moutonnaient de place en place; mais soudain, au loin, devant nous, je vis l'eau toute blanche, blanche comme si on étendait un drap par-dessus. Cela venait, se rapprochait, accourait, et lorsque cette ligne cotonneuse ne fut plus qu'à quelques centaines de mètres de nous, toute la voilure du yacht reçut brusquement une grande secousse du vent qui semblait galoper sur la surface de la mer, rageur et furieux, en lui plumant le flanc comme une main plumerait le ventre d'un cygne. Et tout ce duvet arraché de l'eau, cet épiderme d'écume voltigeait, s'envolait, s'éparpillait sous l'attaque invisible et sifflante de la bourrasque. Nous aussi, couchés sur le côté, le bordage noyé dans le flot clapoteux qui montait sur le pont, les haubans tendus, la mâture craquant, nous partîmes d'une course affolée, gagnés par un vertige, par une furie de vitesse. Et c'est vraiment une ivresse unique, inimaginablement exaltante, de tenir en ses deux mains, avec tous ses muscles tendus depuis le jarret jusqu'au cou, la longue barre de fer qui conduit à travers les rafales cette bête emportée et inerte, docile et sans vie, faite de toile et de bois.

Cette fureur de l'air ne dura guère que trois quarts d'heure ; et tout à coup, lorsque la Méditerranée eut repris sa belle teinte bleue, il me sembla, tant l'atmosphère devint douce subitement, que l'humeur du ciel s'apaisait. C'était une colère tombée, la fin d'une matinée revêche ; et le rire joyeux du soleil se répandit largement dans l'espace.

Nous approchions du cap où j'aperçus, à l'extrémité, au pied de la côte escarpée, dans une trouée apparue sans accès, une église et trois maisons. Qui demeure là, bon Dieu? que peuvent faire ces gens? Comment communiquent-ils avec les autres vivants sinon par un des deux petits canots tirés sur leur plage étroite.

Voici la pointe doublée. La côte continue jusqu'à Porto-Venere, à l'entrée du golfe de la Spezzia. Toute cette partie du rivage italien est incomparablement séduisante.

Dans une baie large et profonde ouverte devant nous, on entrevoit Santa-Margherita, puis Rapallo, Chiavari. Plus loin Sestri Levante.

Le yacht ayant viré de bord glissait à deux encablures des rochers, et voilà qu'au bout de ce cap, que nous finissions à peine de contourner, on découvre soudain une gorge où entre la mer, une gorge cachée, presque introuvable, pleine d'arbres, de sapins, d'oliviers, de châtaigniers. Un tout petit village, Porto-Fino, se développe en demi-lune autour de ce calme bassin.

Nous traversons lentement le passage étroit qui relie à la grande mer ce ravissant port naturel, et nous pénétrons dans ce cirque de maisons couronné par un bois d'un vert puissant et frais, refletés l'un et l'autre dans le miroir d'eau tranquille et rond où semblent dormir quelques barques de pêche.

Une d'elles vient à nous montée par un vieil homme. Il nous salue, nous souhaite la bienvenue, indique le mouillage, prend une amarre pour la porter à terre, revient offrir ses services, ses conseils, tout ce qu'il nous plaira de lui demander, nous fait enfin les honneurs de ce hameau de pêche. C'est le maître de port.

Jamais peut-être, je n'ai senti une impression de béatitude comparable à celle de l'entrée dans cette crique verte, et un sentiment de repos, d'apaisement, d'arrêt de l'agitation vaine où se débat la vie, plus fort et plus soulageant que celui qui m'a saisi quand le bruit de l'ancre tombant eut dit à tout mon être ravi que nous étions fixés là.

Depuis huit jours je rame. Le yacht demeure immobile au milieu de la rade minuscule et tranquille ; et moi je vais rôder dans mon canot, le long des côtes, dans les grottes où grogne la mer au fond de trous invisibles, et autour des îlots découpés et bizarres qu'elle mouille de baisers sans fin à chacun de ses soulèvements, et sur les écueils à fleur d'eau qui portent des crinières d'herbes marines. J'aime voir flotter sous moi, dans les ondulations de la vague insensible, ces longues plantes rouges ou vertes où se mêlent, où se cachent, où glissent les immenses familles à peine écloses des jeunes poissons. On dirait des semences d'aiguilles d'argent qui vivent et qui nagent.

Quand je relève les yeux sur les rochers du rivage, j'y aperçois des groupes de gamins nus, au corps bruni, étonnés de ce rôdeur. Ils sont innombrables aussi, comme une autre progéniture de la mer, comme une tribu de jeunes tritons nés d'hier qui s'ébattent et grimpent aux rives de granit pour boire un peu l'air de l'espace. On en trouve cachés dans toutes les crevasses, on en aperçoit debout sur les pointes, dessinant dans le ciel italien leurs formes jolies et frêles de statuettes de bronze. D'autres, assis, les jambes pendantes, au bord des grosses pierres, se reposent entre deux plongeons.

Nous avons quitté Porto-Fino pour un séjour à Santa-Margherita. Ce n'est point un port, mais un fond de golfe un peu abrité par un môle.
Ici, la terre est tellement captivante, qu'elle fait presque oublier la mer. La ville est abritée par l'angle creux des deux montagnes. Un vallon les sépare qui va vers Gênes. Sur ces deux côtes, d'innombrables petits chemins entre deux murs de pierres, hauts d'un mètre environ, se croisent, montent et descendent, vont et viennent, étroits, pierreux, en ravins et en escaliers, et séparent d'innombrables champs ou plutôt des jardins d'oliviers et de figuiers qu'enguirlandent des pampres rouges. A travers les feuillages brûlés des vignes grimpées dans les arbres, on aperçoit à perte de vue la mer bleue, des caps rouges, des villages blancs, des bois de sapins sur les pentes, et les grands sommets de granit gris. Devant les maisons, rencontrées de place en place, les femmes font de la dentelle. Dans tout ce pays, d'ailleurs, on n'aperçoit guère une porte où ne soient assises deux ou trois de ces ouvrières, travaillant à l'ouvrage héréditaire, et maniant de

leurs doigts légers les nombreux fils blancs ou noirs où pendent et dansent, dans un sautillement éternel, de courts morceaux de bois jaune. Elles sont souvent jolies, grandes et d'allure fière, mais négligées, sans toilette et sans coquetterie. Beaucoup conservent encore des traces du sang sarrasin.

Un jour, au coin d'une rue de hameau, une d'elles passa près de moi qui me laissa l'émotion de la plus surprenante beauté que j'aie rencontrée peut-être.

Sous une botte lourde de cheveux sombres qui s'envolaient autour du front, dans un désordre dédaigneux et hâtif, elle avait une figure ovale et brune d'Orientale, de filles des Maures dont elle gardait l'ancestrale démarche; mais le soleil des Florentines lui avait fait une peau aux lueurs d'or. Les yeux, — quels yeux! — longs et d'un noir impénétrable, semblaient glisser une caresse sans regard entre des cils tellement pressés et grands que je n'en ai jamais vu de pareils. Et la chair autour de ces yeux s'assombrissaient si étrangement, que si on ne l'eût aperçue en pleine lumière on eût soupçonné l'artifice des mondaines.

Lorsqu'on rencontre, vêtues de haillons, des

créatures semblables, que ne peut-on les saisir et les emporter, quand ce ne serait que pour les parer, leur dire qu'elles sont belles et les admirer ! Qu'importe qu'elles ne comprennent pas le mystère de notre exaltation, brutes comme toutes les idoles, ensorcelantes comme elles, faites seulement pour être aimées par des cœurs délirants, et fêtées par des mots dignes de leur beauté !

Si j'avais le choix cependant entre la plus belle des créatures vivantes et la femme peinte du Titien que huit jours plus tard je revoyais dans la salle de la tribune à Florence, je prendrais la femme peinte du Titien.

Florence, qui m'appelle comme la ville où j'aurais le plus aimé vivre autrefois, qui a pour mes yeux et pour mon cœur un charme inexprimable, m'attire encore presque sensuellement par cette image de femme couchée, rêve prodigieux d'attrait charnel. Quand je songe à cette cité si pleine de merveilles qu'on rentre à la fin des jours courbaturé d'avoir vu comme un chasseur d'avoir marché, m'apparaît soudain lumineux, au milieu des souvenirs qui jaillissent, cette grande toile longue, où se repose cette grande femme au geste impudique, nue et blonde, éveillée et calme.

Puis après elle, après cette évocation de toute la puissance séductrice du corps humain, surgissent, douces et pudiques, des vierges : celles de Raphaël d'abord. La Vierge au chardonneret, la Vierge du grand-duc, la Vierge à la chaise, d'autres encore, celles des primitifs, aux traits innocents, aux cheveux pâles, idéales et mystiques, et celles des matériels, pleines de santé.

Quand on se promène non seulement dans cette ville unique, mais dans tout ce pays, la Toscane, où les hommes de la Renaissance ont jeté des chefs-d'œuvre à pleines mains, on se demande avec stupeur ce que fut l'âme exaltée et féconde, ivre de beauté, follement créatrice, de ces générations secouées par un délire artiste. Dans les églises des petites villes, où l'on va, cherchant à voir des choses qui ne sont point indiquées au commun des errants, on découvre sur les murs, au fond des chœurs, des peintures inestimables de ces grands maîtres modestes, qui ne vendaient point leurs toiles dans les Amériques encore inexplorées, et s'en allaient, pauvres, sans espoir de fortune, travaillant pour l'art comme de pieux ouvriers.

Et cette race sans défaillance n'a rien laissé d'inférieur. Le même reflet d'impérissable beauté, apparu sous le pinceau des peintres, sous le ciseau des sculpteurs, s'agrandit en lignes de pierre sur la façade des monuments. Les églises et leurs chapelles sont pleines de sculptures de Lucca della Robbia, de Donatello, de Michel-Ange; leurs portes de bronze sont par Bonannus ou Jean de Bologne.

Lorsqu'on arrive sur la piazza della Signoria, en face de la loggia dei Lanzi, on aperçoit ensemble, sous le même portique, l'enlèvement des Sabines, et Hercule terrassant le centaure Nessus, de Jean de Bologne; Persée avec la tête de Méduse de Benvenuto Cellini; Judith et Holopherne de Donatello. Il abritait aussi, il y a quelques années seulement, le David de Michel-Ange.

Mais plus on est grisé, plus on est conquis par la séduction de ce voyage dans une forêt d'œuvres d'art, plus on se sent aussi envahi par un bizarre sentiment de malaise qui se mêle bientôt à la joie de voir. Il provient de l'étonnant contraste de la foule moderne si banale, si ignorante de ce qu'elle regarde avec les lieux qu'elle habite. On sent que l'âme délicate, hautaine et raffinée du vieux peuple disparu qui couvrit ce sol de chefs-d'œuvre, n'agite plus les têtes à chapeaux ronds couleur chocolat, n'anime point les yeux indifférents, n'exalte plus les désirs vulgaires de cette population sans rêves.

En revenant vers la côte, je me suis arrêté dans Pise, pour revoir aussi la place du Dôme.

Qui pourra jamais expliquer le charme pénétrant et triste de certaines villes presque défuntes.

Pise est une de celles-là. A peine entré dedans, on s'y sent à l'âme une langueur mélancolique, une envie impuissante de partir et de rester, une nonchalante envie de fuir et de goûter indéfiniment la douceur morne de son air, de son ciel, de ses maisons, de ses rues qu'habite la plus calme, la plus morne, la plus silencieuse des populations.

La vie semble sortie d'elle comme la mer qui s'en est éloignée, enterrant son port jadis souverain, étendant une plaine et faisant pousser une forêt entre la rive nouvelle et la ville abandonnée.

L'Arno la traverse de son cours jaune qui glisse, doucement onduleux, entre deux hautes murailles supportant les deux principales promenades bordées de maisons, jaunâtres aussi, d'hôtels et de quelques palais modestes.

Seule, bâtie sur le quai même, coupant net sa ligne sinueuse, la petite chapelle de Santa-Maria della Spina, appartenant au style français du xiii° siècle, dresse juste au-dessus de l'eau son profil ouvragé de reliquaire. On dirait, à la voir ainsi au bord du fleuve, le mignon lavoir gothique de la bonne Vierge, où les anges viennent laver, la nuit, tous les oripeaux fripés des madones.

Mais par la via Santa Maria on va vers la place du Dôme.

Pour les hommes que touchent encore la beauté et la puissance mystiques des monuments, il n'existe assurément rien sur la terre de plus surprenant et de plus saisissant que cette vaste place herbeuse, cernée par de hauts remparts qui emprisonnent, en leurs attitudes si diverses, le Dôme, le Campo-Santo, le Baptistère et la Tour penchée.

Quand on arrive au bord de ce champ désert et sauvage, enfermé par de vieilles murailles et où se dressent soudain devant les yeux ces quatre grands êtres de marbre, si imprévus de profil, de couleur, de grâce harmonieuse et superbe, on demeure interdit d'étonnement et troublé d'admiration comme devant le plus rare et le plus grandiose spectacle que l'art humain puisse offrir au regard

Mais c'est le Dôme bientôt qui attire et garde toute l'attention par son inexprimable harmonie, la puissance irrésistible de ses proportions et la magnificence de sa façade.

C'est une basilique du xie siècle de style toscan, toute en marbre blanc avec des incrustations noires et de couleur. On n'éprouve point, en face de cette perfection de l'architecture Romane-Italienne, la stupeur qu'imposent à l'âme certaines cathédrales gothiques par leur élévation hardie, l'élégance de leurs tours et de leurs clochetons, toute la dentelle de pierre dont elles sont enveloppées, et cette disproportion géante de leur taille avec leur pied.

Mais on demeure tellement surpris et captivé par les irréprochables proportions, par le charme intraduisible des lignes, des formes et de la façade décorée, en bas, de pilastres reliés par des arcades, en haut, de quatre galeries de colonnettes plus petites d'étage en étage, que la séduction de ce monument reste en nous comme celle d'un poème admirable, comme une émotion trouvée.

Rien ne sert de décrire ces choses, il faut les voir, et les voir sur *leur ciel*, sur ce ciel classique, d'un bleu spécial, où les nuages lents et roulés à l'horizon en masses argentées, semblent copiés par la nature sur les tableaux des peintres toscans. Car ces vieux artistes étaient des réalistes, tout imprégnés de l'atmosphère italienne ; et ceux-là seulement demeurent de faux ouvriers d'art qui les ont imités sous le soleil français.

Derrière la cathédrale, le Campanile, éternellement penché comme s'il allait tomber, gêne ironiquement le sens de l'équilibre que nous portons en nous, et en face d'elle le Baptistère arrondit sa haute coupole conique devant la porte du Campo-Santo.

En ce cimetière antique dont les fresques sont classées comme des peintures d'un intérêt capital, s'allonge un cloître délicieux, d'une grâce pénétrante et triste, au milieu duquel deux antiques tilleuls cachent sous leur robe de verdure une telle quantité de bois mort qu'ils font aux souffles du vent un bruit étrange d'ossements heurtés.

Les jours passent. L'été touche à sa fin. Je veux visiter encore un pays éloigné, où d'autres hommes ont laissé des souvenirs plus effacés, mais éternels aussi. Ceux-là vraiment sont les seuls qui ont su doter leur patrie d'une Exposition universelle qu'on reviendra voir dans toute la suite des siècles.

LA SICILE

On est convaincu, en France, que la Sicile est un pays sauvage, difficile et même dangereux à visiter. De temps en temps, un voyageur, qui passe pour un audacieux, s'aventure jusqu'à Palerme, et il revient en déclarant que c'est une ville très intéressante. Et voilà tout. En quoi Palerme et la Sicile tout entière sont-elles intéressantes? On ne le sait pas au juste chez nous. A la vérité, il n'y a là qu'une question de mode. Cette île, perle de la Méditerranée, n'est point au nombre des contrées qu'il est d'usage de parcourir, qu'il est de bon goût de connaître, qui font partie, comme l'Italie, de l'éducation d'un homme bien élevé.

A deux points de vue, cependant, la Sicile devrait attirer les voyageurs, car ses beautés naturelles et ses beautés artistiques sont aussi particulières que remarquables. On sait combien est fertile et mouvementée cette terre, qui fut appelée le grenier de l'Italie, que tous les peuples envahirent et possédèrent l'un après l'autre, tant fut violente leur envie de la posséder, qui fit se battre et mourir tant d'hommes, comme une belle fille ardemment désirée. C'est, autant que l'Espagne, le pays des oranges, le sol fleuri dont l'air, au printemps, n'est qu'un parfum ; et elle allume, chaque soir, au-dessus des mers, le fanal monstrueux de l'Etna, le plus grand volcan d'Europe. Mais ce qui fait d'elle, avant tout, une terre indispensable à voir et unique au monde, c'est qu'elle est, d'un bout à l'autre, un étrange et divin musée d'architecture.

L'architecture est morte aujourd'hui, en ce siècle encore artiste, pourtant, mais qui semble avoir perdu le don de faire de la beauté avec des pierres, le mystérieux secret de la séduction par les lignes, le sens de la grâce dans les monuments. Nous paraissons ne plus comprendre, ne plus savoir que la seule proportion d'un mur peut donner à l'esprit la même sensation de joie artistique, la même émotion secrète et profonde qu'un chef-d'œuvre de Rembrandt, de Velasquez ou de Véronèse.

La Sicile a eu le bonheur d'être possédée, tour à tour, par des peuples féconds, venus tantôt du Nord et tantôt du Sud, qui ont couvert son territoire d'œuvres infiniment diverses, où se mêlent, d'une façon inattendue et charmante, les influences les plus contraires. De là est né un art spécial, inconnu ailleurs, où domine l'influence arabe, au milieu des souvenirs grecs, et même égyptiens, où les sévérités du style gothique, apporté par les Normands, sont tempérées par la science admirable de l'ornementation et de la décoration byzantines.

Et c'est un bonheur délicieux de rechercher, dans ces exquis monuments, la marque spéciale de chaque art, de discerner tantôt le détail venu d'Égypte, comme l'ogive lancéolée qu'apportèrent les Arabes, les voûtes en relief, ou plutôt en pendentifs, qui ressemblent aux stalactites des grottes marines, tantôt le pur ornement byzantin, ou les belles frises gothiques qui éveillent soudain le souvenir des hautes cathédrales des pays froids, dans ces églises un peu basses, construites aussi par des princes normands.

Quand on a vu tous ces monuments qui ont,

bien qu'appartenant à des époques et à des germes différents, un même caractère, une même nature, on peut dire qu'ils ne sont ni gothiques, ni arabes, ni byzantins, mais siciliens, on peut affirmer qu'il existe un art sicilien et un style sicilien, toujours reconnaissable, et qui est assurément le plus charmant, le plus varié, le plus coloré et le plus rempli d'imagination de tous les styles d'architecture.

C'est également en Sicile qu'on retrouve les plus magnifiques et les plus complets échantillons de l'architecture grecque antique, au milieu de paysages incomparablement beaux.

La traversée la plus facile est celle de Naples à Palerme. On demeure surpris, en quittant le bateau, par le mouvement et la gaieté de cette grande ville de 250,000 habitants, pleine de boutiques et de bruit, moins agitée que Naples, bien que tout aussi vivante. Et d'abord, on s'arrête devant la première charrette aperçue. Ces charrettes, de petites boîtes carrées haut perchées sur des roues jaunes, sont décorées de peintures naïves et bizarres qui représentent des faits historiques ou particuliers, des aventures de toute espèce, des combats, des rencontres de souverains, mais, surtout, les batailles de Napoléon Ier et des Croisades. Une singulière découpure de bois et de fer les soutient sur l'essieu; et les rayons de leurs roues sont ouvragés aussi. La bête qui les traîne porte un pompon sur la tête et un autre au milieu du dos, et elle est vêtue d'un harnachement coquet et coloré, chaque morceau de cuir étant garni d'une sorte de laine rouge et de menus grelots. Ces voitures peintes passent par les rues, drôles et différentes, attirent l'œil et l'esprit, se promènent comme des rébus qu'on cherche toujours à deviner.

La forme de Palerme est très particulière. La ville, couchée au milieu d'un vaste cirque de montagnes nues, d'un gris bleu nuancé parfois de rouge, est divisée en quatre parties par deux grandes rues droites qui se coupent en croix au milieu. De ce carrefour, on aperçoit, par trois côtés, la montagne, là-bas, au bout de ces immenses corridors de maisons, et, par le quatrième, on voit la mer, une tache bleue, d'un bleu cru, qui semble tout près, comme si la ville était tombée dedans!

Un désir hantait mon esprit en ce jour d'arrivée. Je voulus voir la chapelle Palatine, qu'on m'avait dit être la merveille des merveilles.

La chapelle Palatine, la plus belle qui soit au

monde, le plus surprenant bijou religieux rêvé par la pensée humaine et exécuté par des mains d'artiste, est enfermée dans la lourde construction du Palais-Royal, ancienne forteresse construite par les Normands.

Cette chapelle n'a point de dehors. On entre dans le palais, où l'on est frappé tout d'abord par l'élégance de la cour intérieure entourée de colonnes. Un bel escalier à retours droits fait une perspective d'un grand effet inattendu. En face de la porte d'entrée, une autre porte, crevant le mur du Palais et donnant sur la campagne lointaine, ouvre, soudain, un horizon étroit et profond, semble jeter l'esprit dans des pays infinis et dans des songes illimités, par ce trou cintré qui prend l'œil et l'emporte irrésistiblement vers la cime bleue du mont aperçu là-bas, si loin, si loin, au-dessus d'une immense plaine d'orangers.

Quand on pénètre dans la chapelle, on demeure d'abord saisi comme en face d'une chose surprenante dont on subit la puissance avant de l'avoir comprise. La beauté colorée et calme, pénétrante et irrésistible de cette petite église qui est le plus absolu chef-d'œuvre imaginable, vous laisse immobile devant ces murs couverts d'immenses mosaïques à fond d'or, luisant d'une clarté douce et éclairant le monument entier d'une lumière sombre, entraînant aussitôt la pensée en des paysages bibliques et divins où l'on voit, debout dans un ciel de feu, tous ceux qui furent mêlés à la vie de l'Homme-Dieu.

Ce qui fait si violente l'impression produite par ces monuments siciliens, c'est que l'art de la décoration y est plus saisissant au premier coup d'œil que l'art de l'architecture.

L'harmonie des lignes et des proportions n'est qu'un cadre à l'harmonie des nuances.

On éprouve, en entrant dans nos cathédrales gothiques, une sensation sévère, presque triste. Leur grandeur est imposante, leur majesté frappe; mais ne séduit pas. Ici, on est conquis, ému, par ce quelque chose de presque sensuel que la couleur ajoute à la beauté des formes.

Les hommes, qui conçurent et exécutèrent ces églises lumineuses et sombres pourtant, avaient certes une idée tout autre du sentiment religieux que les architectes des cathédrales allemandes ou françaises ; et leur génie spécial s'inquiéta, surtout, de faire entrer le jour dans ces nefs si merveilleusement décorées, de façon qu'on ne le sentît pas, qu'on ne le vît point, qu'il s'y glissât, qu'il effleurât seulement les murs, qu'il y produisît des effets mystérieux et charmants, et que la lumière semblât venir des murailles elles-mêmes, des grands ciels d'or peuplés d'apôtres.

La chapelle Palatine, construite en 1132 par le roi Roger II, dans le style gothique normand, est une petite basilique à trois nefs. Elle n'a que 33 mètres de long et 13 mètres de large, c'est donc un joujou, un bijou de basilique.

Deux lignes d'admirables colonnes de marbre, toutes différentes de couleur, conduisent sous la coupole, d'où vous regarde un Christ colossal, entouré d'anges aux ailes déployées. La mosaïque, qui forme le fond de la chapelle latérale de gauche, est un saisissant tableau. Elle représente saint Jean prêchant dans le désert. On dirait un Puvis de Chavannes plus coloré, plus puissant, plus naïf, moins voulu, fait dans des temps de foi violente par un artiste inspiré. L'apôtre parle à quelques personnes. Derrière lui, le désert, et, tout au fond, quelques montagnes bleuâtres, de ces montagnes aux lignes douces et perdues dans une brume, que connaissent bien tous ceux qui ont parcouru l'Orient. Au-dessus du saint, autour du saint, derrière le saint, un ciel d'or, un vrai ciel de miracle où Dieu semble présent.

En revenant vers la porte de sortie, on s'arrête sous la chaire, un simple carré de marbre roux, entouré d'une frise de marbre blanc incrustée de menues mosaïques, et porté sur quatre colonnes finement ouvragées. Et on s'émerveille de ce que peut faire le goût, le goût pur d'un artiste, avec si peu de chose.

Tout l'effet admirable de ces églises vient, d'ailleurs, du mélange et de l'opposition des marbres et des mosaïques. C'est là leur marque caractéristique. Tout le bas des murs, blanc et orné seulement de petits dessins, de fines broderies de pierre, fait ressortir puissamment, par le parti pris de simplicité, la richesse colorée des larges sujets qui couvrent le dessus.

Mais on découvre même dans ces menues broderies, qui courent comme des dentelles de couleur sur la muraille inférieure, des choses délicieuses, grandes comme le fond de la main : ainsi deux paons qui, croisant leurs becs, portent une croix.

On retrouve dans plusieurs églises de Palerme ce même genre de décoration. Les mosaïques de la Martorana sont même, peut-être, d'une exécution plus remarquable que celles de la chapelle Palatine, mais on ne peut rencontrer, dans aucun monument, l'ensemble merveilleux qui rend unique ce chef-d'œuvre divin.

Je reviens lentement à l'hôtel des Palmes, qui possède un des plus beaux jardins de la ville, un de ces jardins de pays chauds, remplis de plantes énormes et bizarres. Un voyageur, assis sur un banc, me raconte en quelques instants les aventures de l'année, puis il remonte aux histoires des années passées, et il dit, dans une phrase : « C'était au moment où Wagner habitait ici. »

Je m'étonne : « Comment ici, dans cet hôtel? — Mais oui. C'est ici qu'il a écrit les dernières notes de *Parsifal* et qu'il en a corrigé les épreuves. »

Et j'apprends que l'illustre maître allemand a passé à Palerme un hiver tout entier, et qu'il a quitté cette ville quelques mois seulement avant sa mort. Comme partout, il a montré ici son caractère intolérable, son invraisemblable orgueil, et il a laissé le souvenir du plus insociable des hommes.

J'ai voulu voir l'appartement occupé par ce musicien génial, car il me semblait qu'il avait dû y mettre quelque chose de lui, et que je retrouverais un objet qu'il aimait, un siège préféré, la table où il travaillait, un signe quelconque indiquant son passage, la trace d'une manie ou la marque d'une habitude.

Je ne vis rien d'abord qu'un bel appartement d'hôtel. On m'indiqua les changements qu'il y avait apportés, on me montra, juste au milieu de la chambre, la place du grand divan où il entassait les tapis brillants et brodés d'or.

Mais j'ouvris la porte de l'armoire à glace.

Un parfum délicieux et puissant s'envola comme la caresse d'une brise qui aurait passé sur un champ de rosiers.

Le maître de l'hôtel qui me guidait me dit : « C'est là dedans qu'il serrait son linge après l'avoir mouillé d'essence de roses. Cette odeur ne s'en ira jamais maintenant. »

Je respirais cette haleine de fleurs, enfermée en ce meuble, oubliée là, captive; et il me semblait y retrouver, en effet, quelque chose de Wagner, dans ce souffle qu'il aimait, un peu de lui, un peu de son désir, un peu de son âme, dans ce rien des habitudes secrètes et chères qui font la vie intime d'un homme.

Puis je sortis pour errer par la ville.

Personne ne ressemble moins à un Napolitain qu'un Sicilien. Dans le Napolitain du peuple, on trouve toujours trois quarts de polichinelle. Il gesticule, s'agite, s'anime sans cause, s'exprime par les gestes autant que par les paroles, mime tout ce qu'il dit, se montre toujours aimable par intérêt, gracieux par ruse autant que par nature, et il répond par des gentillesses aux compliments désagréables.

Mais, dans le Sicilien, on trouve déjà beaucoup de l'Arabe. Il en a la gravité d'allure, bien qu'il tienne de l'Italien une grande vivacité d'esprit. Son orgueil natal, son amour des titres, la nature de sa fierté et la physionomie même de son visage le rapprochent aussi davantage de l'Espagnol que de l'Italien. Mais, ce qui donne sans cesse, dès qu'on pose le pied en Sicile, l'impression profonde de l'Orient, c'est le timbre de voix, l'intonation nasale des crieurs des rues. On la retrouve partout, la note aiguë de l'Arabe, cette note qui semble descendre du front dans la gorge, tandis que, dans le Nord, elle monte de la poitrine à la bouche. Et la chanson traînante, monotone et douce, entendue en passant par la porte ouverte d'une maison, est bien la même, par le rythme et l'accent, que celle chantée par le cavalier vêtu de blanc qui guide les voyageurs à travers les grands espaces nus du désert.

Au théâtre, par exemple, le Sicilien redevient tout à fait Italien et il est fort curieux pour nous d'assister, à Rome, Naples ou Palerme, à quelque représentation d'opéra.

Toutes les impressions du public éclatent, aussitôt qu'il les éprouve. Nerveuse à l'excès, douée d'une oreille aussi délicate que sensible, aimant à la folie la musique, la foule entière devient une sorte de bête vibrante, qui sent et qui ne raisonne pas. En cinq minutes, elle applaudit avec enthousiasme et siffle avec frénésie le même acteur ; elle trépigne de joie ou de colère, et si quelque note fausse s'échappe de la gorge du chanteur, un cri étrange, exaspéré, suraigu, sort de toutes les bouches en même temps. Quand les avis sont partagés, les chut ! et les applaudissements se mêlent. Rien ne passe inaperçu de la salle attentive et frémissante qui témoigne, à tout instant, son sentiment, et qui parfois, saisie d'une colère soudaine, se met à hurler comme ferait une ménagerie de bêtes féroces.

Carmen, en ce moment, passionne le peuple sicilien, et on entend, du matin au soir, fredonner par les rues le fameux « Toréador ».

La rue, à Palerme, n'a rien de particulier. Elle est large et belle dans les quartiers riches, et ressemble, dans les quartiers pauvres, à toutes les ruelles étroites, tortueuses et colorées des villes d'Orient.

Les femmes, enveloppées de loques de couleurs éclatantes, rouges, bleues ou jaunes, causent devant leurs portes et vous regardent passer avec leurs yeux noirs, qui brillent sous la forêt de leurs cheveux sombres.

Parfois, devant le bureau de la loterie officielle qui fonctionne en permanence comme un service religieux et rapporte à l'État de gros revenus, on assiste à une petite scène drôle et typique.

En face est la madone, dans sa niche, accrochée au mur, avec la lanterne qui brille à ses pieds. Un homme sort du bureau, son billet de loterie à la main, met un sou dans le tronc sacré qui ouvre sa petite bouche noire devant la statue, puis il se signe avec le papier numéroté qu'il vient de recommander à la Vierge, en l'appuyant d'une aumône.

On s'arrête, de place en place, devant les marchands des vues de Sicile, et l'œil tombe sur une étrange photographie qui représente un souterrain plein de morts, de squelettes grimaçants bizarrement vêtus. On lit dessous : « Cimetière des Capucins. »

Qu'est-ce que cela? Si on le demande à un habitant de Palerme, il répond avec dégoût : « N'allez pas voir cette horreur. C'est une chose affreuse, sauvage, qui ne tardera pas à disparaître, heureusement. D'ailleurs, on n'enterre plus là dedans depuis plusieurs années. » .

Il est difficile d'obtenir des renseignements plus détaillés et plus précis, tant la plupart des Siciliens semblent éprouver d'horreur pour ces extraordinaires catacombes.

Voici pourtant ce que je finis par apprendre. La terre, sur laquelle est bâti le couvent des Capucins, possède la singulière propriété d'activer si fort la décomposition de la chair morte, qu'en un an, il ne reste plus rien sur les os, qu'un peu de peau noire séchée, collée, et qui garde, parfois, les poils de la barbe et des joues.

On enferme donc les cercueils en de petits caveaux latéraux qui contiennent chacun huit ou dix trépassés, et, l'année finie, on ouvre la bière d'où l'on retire la momie, momie effroyable, barbue, convulsée, qui semble hurler, qui semble travaillée par d'horribles douleurs. Puis, on la suspend dans une des galeries principales, où la famille vient la visiter de temps en temps. Les gens qui voulaient être conservés par cette méthode de séchage le demandaient avant leur mort, et ils resteront éternellement alignés sous ces voûtes sombres, à la façon des objets qu'on garde dans les musées, moyennant une rétribution annuelle versée par les parents. Si les parents cessent de payer, on enfouit tout simplement le défunt, à la manière ordinaire.

J'ai voulu visiter, aussitôt, cette sinistre collection de trépassés.

A la porte d'un petit couvent d'aspect modeste, un vieux capucin, en robe brune, me reçoit et il me précède sans dire un mot, sachant bien ce que veulent voir les étrangers qui viennent en ce lieu.

Nous traversons une pauvre chapelle, et nous descendons lentement un large escalier de pierre. Et, tout à coup, j'aperçois devant nous une immense galerie, large et haute, dont les murs portent tout un peuple de squelettes habillés d'une façon bizarre et grotesque. Les uns sont pendus en l'air côte à côte, les autres couchés sur cinq tablettes de pierre, superposées depuis le sol jusqu'au plafond. Une ligne de morts est debout par terre, une ligne compacte, dont les têtes affreuses semblent parler. Les unes sont rongées par des végétations hideuses qui déforment davantage encore les mâchoires et les os, les autres ont gardé leurs cheveux, d'autres un bout de moustache, d'autres une mèche de barbe.

Celles-ci regardent en l'air de leurs yeux vides, celles-là en bas; en voici qui semblent rire atrocement, en voilà qui sont tordues par la douleur, toutes paraissent affolées par une épouvante surhumaine.

Et ils sont vêtus, ces morts, ces pauvres morts hideux et ridicules, vêtus par leur famille qui les a tirés du cercueil pour leur faire prendre place dans cette effrayante assemblée. Ils ont, presque tous, des espèces de robes noires dont le capuchon parfois est ramené sur la tête. Mais il en est qu'on a voulu habiller plus somptueusement; et le misérable squelette, coiffé d'un bonnet grec à broderies et enveloppé d'une robe de chambre de rentier riche, étendu sur le dos, semble dormir d'un sommeil terrifiant et comique.

Une pancarte d'aveugle, pendue à leur cou, porte leur nom et la date de leur mort. Ces dates font passer des frissons dans les os. On lit : 1880-1881-1882.

Voici donc un homme, ce qui était un homme,

il y a huit ans? Cela vivait, riait, parlait, mangeait, buvait, était plein de joie et d'espoir. Et le voilà! Devant cette double ligne d'êtres innomables, des cercueils et des caisses sont entassés, des cercueils de luxe en bois noir, avec des ornements de cuivre et de petits carreaux pour voir dedans. On croirait que ce sont des malles, des valises de sauvages achetées en quelque bazar par ceux qui partent pour le grand voyage, comme on aurait dit autrefois.

Mais d'autres galeries s'ouvrent à droite et à gauche, prolongeant indéfiniment cet immense cimetière souterrain.

Voici les femmes, plus burlesques encore que les hommes, car on les a parées avec coquetterie. Les têtes vous regardent, serrées en des bonnets à dentelles et à rubans, d'une blancheur de neige autour de ces visages noirs, pourris, rongés par l'étrange travail de la terre. Les mains, pareilles à des racines d'arbres coupées, sortent des manches de la robe neuve, et les bas semblent vides qui enferment les os des jambes. Quelquefois le mort ne porte que des souliers, de grands, grands souliers pour ces pauvres pieds secs.

Voici les jeunes filles, les hideuses jeunes filles, en leur parure blanche, portant autour du front une couronne de métal, symbole de l'innocence. On dirait des vieilles, très vieilles, tant elles grimacent. Elles ont seize ans, dix-huit ans, vingt ans. Quelle horreur !

Mais nous arrivons dans une galerie pleine de petits cercueils de verre — ce sont les enfants. Les os, à peine durs, n'ont pas pu résister. Et on ne sait pas bien ce qu'on voit, tant ils sont déformés, écrasés et affreux, les misérables gamins. Mais les larmes vous montent aux yeux, car les mères les ont vêtus avec les petits costumes qu'ils portaient aux derniers jours de leur vie. Et elles viennent les revoir ainsi, leurs enfants !

Souvent, à côté du cadavre, est suspendue une photographie qui le montre tel qu'il était, et rien n'est plus saisissant, plus terrifiant que ce contraste, que ce rapprochement, que les idées éveillées en nous par cette comparaison.

Nous traversons une galerie plus sombre, plus basse, qui semble réservée aux pauvres. Dans un coin noir, ils sont une vingtaine ensemble, suspendus sous une lucarne, qui leur jette l'air du dehors par grands souffles brusques. Ils sont vêtus d'une sorte de toile noire nouée aux pieds et au cou, et penchés les uns sur les autres. On dirait qu'ils grelottent, qu'ils veulent se sauver, qu'ils crient : « Au secours! » On croirait l'équipage noyé de quelque navire, battu encore par le vent, enveloppé de la toile brune et goudronnée que les matelots portent dans les tempêtes, et toujours secoués par la terreur du dernier instant quand la mer les a saisis.

Voici le quartier des prêtres. Une grande galerie d'honneur! Au premier regard, ils semblent plus terribles à voir que les autres, couverts ainsi de leurs ornements sacrés noirs, rouges et violets. Mais en les considérant l'un après l'autre, un rire nerveux et irrésistible vous saisit devant leurs attitudes bizarres et sinistrement comiques. En voici qui chantent ; en voilà qui prient. On leur a levé la tête et croisé les mains. Ils sont coiffés de la barrette de l'officiant qui, posée au sommet de leur front décharné, tantôt se penche sur l'oreille d'une façon badine, tantôt leur tombe jusqu'au nez. C'est le carnaval de la mort, que rend plus burlesque la richesse dorée des costumes sacerdotaux.

De temps en temps, paraît-il, une tête roule à terre, les attaches du cou ayant été rongées par les souris. Des milliers de souris vivent dans ce charnier humain.

On me montre un homme mort en 1882. Quelques mois auparavant gai et bien portant, il était venu choisir sa place, accompagné d'un ami : « Je serai là, » disait-il, et il riait.

L'ami revient seul maintenant et regarde pendant des heures entières le squelette immobile, debout à l'endroit indiqué.

En certains jours de fête, les catacombes des Capucins sont ouvertes à la foule. Un ivrogne s'endormit une fois en ce lieu et se réveilla au milieu de la nuit. Il appela, hurla, éperdu d'épouvante, courut de tous les côtés, cherchant à fuir. Mais personne ne l'entendit. On le trouva au matin, tellement cramponné aux barreaux de la grille d'entrée, qu'il fallut de longs efforts pour l'en détacher.

Il était fou.

Depuis ce jour, on a suspendu une grosse cloche près de la porte.

Après cette sinistre visite, j'éprouvai le désir de voir des fleurs et je me fis conduire à la villa Tasca, dont les jardins, situés au milieu d'un bois d'orangers, sont pleins d'admirables plantes tropicales.

En revenant vers Palerme, je regardais, à ma gauche, une petite ville vers le milieu d'un mont, et, sur le sommet, une ruine. Cette ville, c'est Monreale, et cette ruine, Castellaccio, le dernier refuge où se cachèrent les brigands siciliens, m'a-t-on dit.

Le maître poète Théodore de Banville a écrit un traité de prosodie française, que devraient savoir par cœur tous ceux qui ont la prétention de faire rimer deux mots ensemble. Un des chapitres de ce livre excellent est intitulé : « Des licences poétiques » ; on tourne la page et on lit :

« Il n'y en a pas. »

Ainsi, quand on arrive en Sicile, on demande tantôt avec curiosité, et tantôt avec inquiétude : « Où sont les brigands ? » et tout le monde vous répond : « Il n'y en a plus. »

Il n'y en a plus, en effet, depuis cinq ou six ans. Grâce à la complicité cachée de quelques grands propriétaires dont ils servaient souvent les intérêts et qu'ils rançonnaient souvent aussi, ils ont pu se maintenir dans les montagnes de Sicile jusqu'à l'arrivée du général Palavicini, qui commande encore à Palerme. Mais cet officier les a pourchassés et traités avec tant d'énergie, que les derniers ont disparu en peu de temps.

Il y a souvent, il est vrai, des attaques à main

armée et des assassinats dans ce pays; mais ce sont là des crimes communs, provenant de malfaiteurs isolés et non de bandes organisées, comme jadis.

En somme, la Sicile est aussi sûre pour le voyageur que l'Angleterre, la France, l'Allemagne ou l'Italie, et ceux qui désirent des aventures à la Fra Diavolo devront aller les chercher ailleurs.

En vérité, l'homme est presque en sûreté partout, excepté dans les grandes villes. Si on comptait les voyageurs arrêtés et dépouillés par les bandits dans les contrées sauvages, ceux assassinés par les tribus errantes du désert, et si on comparait les accidents arrivés dans les pays réputés dangereux avec ceux qui ont lieu, en un mois, à Londres, Paris ou New-York, on verrait combien sont innocentes les régions redoutées.

Moralité : si vous recherchez les coups de couteau et les arrestations, allez à Paris ou à Londres, mais ne venez pas en Sicile. On peut, en ce pays, courir les routes, de jour et de nuit, sans escorte et sans armes; on ne rencontre que des gens pleins de bienveillance pour l'étranger, à l'exception de certains employés des postes et des télégraphes. Je dis cela seulement pour ceux de Catane, d'ailleurs

Donc, une des montagnes qui dominent Palerme porte à mi-hauteur une petite ville célèbre par ses monuments anciens, Monreale; et c'est aux environs de cette cité haut perchée qu'opéraient les derniers malfaiteurs de l'île. On a conservé l'usage de placer des sentinelles tout le long de la route qui y conduit. Veut-on, par là, rassurer ou effrayer les voyageurs? Je l'ignore.

Les soldats, espacés à tous les détours du chemin, font penser à la sentinelle légendaire du ministère de la guerre, en France. Depuis dix ans, sans qu'on sût pourquoi, on plaçait chaque jour un soldat en faction dans le corridor qui conduisait aux appartements du ministre, avec mission d'éloigner du mur tous les passants. Or, un nouveau ministre, d'esprit inquisiteur, succédant à cinquante autres qui avaient passé sans étonnement devant le factionnaire, demanda la cause de cette surveillance.

Personne ne put la lui dire, ni le chef du cabinet, ni les chefs de bureau collés à leur fauteuil depuis un demi-siècle. Mais un huissier, homme de souvenir, qui écrivait peut-être ses mémoires, se rappela qu'on avait mis là un soldat, autrefois, parce qu'on venait de repeindre la muraille et que la femme du ministre, non prévenue, y avait taché sa robe. La peinture avait séché, mais la sentinelle était restée.

Ainsi les brigands ont disparu, mais les factionnaires demeurent sur la route de Monreale. Elle tourne le long de la montagne, cette route, et arrive enfin dans la ville, fort originale, fort colorée et fort malpropre. Les rues en escaliers semblent pavées avec des dents pointues. Les hommes ont la tête enveloppée d'un mouchoir rouge à la manière espagnole.

Voici la cathédrale, grand monument, long de plus de cent mètres, en forme de croix latine, avec trois absides et trois nefs, séparées par dix-huit colonnes de granit oriental qui s'appuient sur une base en marbre blanc et sur un socle carré en marbre gris. Le portail, vraiment admirable, encadre de magnifiques portes de bronze, faites par *Bonannus, civis Pisanus.*

L'intérieur de ce monument montre ce qu'on peut voir de plus complet, de plus riche et de plus saisissant, comme décoration en mosaïque à fond d'or.

Ces mosaïques, les plus grandes de Sicile, couvrent entièrement les murs sur une surface de *six mille quatre cents mètres.* Qu'on se figure ces immenses et superbes décorations mettant, en toute cette église, l'histoire fabuleuse de l'Ancien Testament, du Messie et des Apôtres. Sur le ciel d'or qui ouvre, tout autour des nefs, un horizon fantastique, on voit se détacher, plus grands que nature, les prophètes annonçant Dieu, et le Christ venu, et ceux qui vécurent autour de lui.

Au fond du chœur, une figure immense de Jésus, qui ressemble à François Ier, domine l'église entière, semble l'emplir et l'écraser, tant est énorme et puissante cette étrange image.

Il est à regretter que le plafond, détruit par un incendie, soit refait de la façon la plus maladroite. Le ton criard des dorures et des couleurs trop vives est des plus désagréables à l'œil.

Tout près de la cathédrale, on entre dans le vieux cloître des Bénédictins.

Que ceux qui aiment les cloîtres aillent se promener dans celui-là et ils oublieront presque tous les autres vus avant lui.

Comment peut-on ne pas adorer les cloîtres, ces lieux tranquilles, fermés et frais, inventés, semble-t-il, pour faire naître la pensée qui coule des lèvres, profonde et claire, pendant qu'on va à pas lents sous les longues arcades mélancoliques?

Comme elles paraissent bien créées pour engendrer la songerie, ces allées de pierre, ces allées de menues colonnes enfermant un petit jardin qui repose l'œil sans l'égarer, sans l'entraîner, sans le distraire.

Mais les cloîtres de nos pays ont parfois une sévérité un peu trop monacale, un peu trop triste, même les plus jolis, comme celui de Saint-Wandrille, en Normandie. Ils serrent le cœur et assombrissent l'âme.

Qu'on aille visiter le cloître désolé de la chartreuse de la Verne, dans les sauvages montagnes des Maures. Il donne froid jusque dans les moelles.

Le merveilleux cloître de Monreale jette, au contraire, dans l'esprit une telle sensation de grâce qu'on y voudrait rester presque indéfiniment. Il est très grand, tout à fait carré, d'une élégance délicate et jolie ; et qui ne l'a point vu ne peut pas deviner ce qu'est l'harmonie d'une colonnade. L'exquise proportion, l'incroyable sveltesse de toutes ces légères colonnes, allant deux par deux, côte à côte, toutes différentes, les unes vêtues de mosaïques, les autres nues ; celles-ci couvertes de sculptures d'une finesse incomparable, celles-là ornées d'un simple dessin de pierre qui monte autour d'elles en s'enroulant comme grimpe une plante, étonnent le regard, puis le charment, l'enchantent, y engendrent cette joie artiste que les choses d'un goût absolu font entrer dans l'âme par les yeux.

Ainsi que tous ces mignons couples de colonnettes, tous les chapiteaux, d'un travail charmant, sont différents. Et on s'émerveille en même temps, chose bien rare, de l'effet admirable de l'ensemble et de la perfection du détail.

On ne peut regarder ce vrai chef-d'œuvre de beauté gracieuse sans songer aux vers de Victor Hugo sur l'artiste grec qui sut mettre

> Quelque chose de beau comme un sourire humain
> Sur le profil des Propylées.

Ce divin promenoir est enclos en de hautes murailles très vieilles, à arcades ogivales; c'est là tout ce qui reste aujourd'hui du couvent.

La Sicile est la patrie, la vraie, la seule patrie des colonnades. Toutes les cours intérieures des vieux palais et des vieilles maisons de Palerme en renferment d'admirables, qui seraient célèbres ailleurs que dans cette île si riche en monuments.

Le petit cloître de l'église San Giovanni degli Eremiti, une des plus anciennes églises normandes de caractère oriental, bien que moins remarquable que celui de Monreale, est encore bien supérieur à tout ce que je connais de comparable.

En sortant du couvent, on pénètre dans le jardin, d'où l'on domine toute la vallée pleine d'orangers en fleur. Un souffle continu monte de la forêt embaumée, un souffle qui grise l'esprit et trouble les sens. Le désir indécis et poétique qui hante toujours l'âme humaine, qui rôde autour, affolant et insaisissable, semble sur le point de se réaliser. Cette senteur vous enveloppant soudain, mêlant cette délicate sensation des parfums à la joie artiste de l'esprit, vous jette pendant quelques secondes dans un bien-être de pensée et de corps qui est presque du bonheur.

Je lève les yeux vers la haute montagne dominant la ville et j'aperçois, sur le sommet, la ruine que j'avais vue la veille. Un ami qui m'accompagne interroge les habitants et on nous répond que ce vieux château fut, en effet, le dernier refuge des brigands siciliens. Encore aujourd'hui, presque personne ne monte jusqu'à cette antique forteresse, nommée Castellaccio. On n'en connaît même guère le sentier, car elle est sur une cime peu abordable. Nous y voulons aller. Un Palermitain, qui nous fait les honneurs de son pays, s'obstine à nous donner un guide, et ne pouvant en découvrir un qui lui semble sûr du chemin, s'adresse, sans nous prévenir, au chef de la police.

Et bientôt un agent, dont nous ignorons la profession, commence à gravir avec nous la montagne.

Mais il hésiste lui-même et s'adjoint, en route, un compagnon, nouveau guide qui conduira le premier. Puis, tous deux demandent des indications aux paysans rencontrés, aux femmes qui passent en poussant un âne devant elles. Un curé conseille enfin d'aller droit devant nous. Et nous grimpons, suivis de nos conducteurs.

Le chemin devient presque impraticable. Il faut escalader des rochers, s'enlever à la force des poignets. Et cela dure longtemps. Un soleil ardent, un soleil d'Orient nous tombe d'aplomb sur la tête.

Nous atteignons enfin le faîte, au milieu d'un surprenant et superbe chaos de pierres énormes qui sortent du sol, grises, chauves, rondes ou pointues, et emprisonnent le château sauvage et délabré dans une étrange armée de rocs s'étendant au loin, de tous les côtés, autour des murs.

La vue, de ce sommet, est une des plus saisissantes qu'on puisse trouver. Tout autour du mont hérissé se creusent de profondes vallées qu'enferment d'autres monts, élargissant, vers l'intérieur de la Sicile, un horizon infini de pics et de cimes. En face de nous, la mer; à nos pieds, Palerme. La ville est entourée par ce bois d'orangers qu'on nomme la Conque d'or, et ce bois de verdure noire s'étend, comme une tache sombre, au pied des montagnes grises, des montagnes rousses, qui semblent brûlées, rongées et dorées par le soleil, tant elles sont nues et colorées.

Un de nos guides a disparu. L'autre nous suit dans les ruines. Elles sont d'une belle sauvagerie et fort vastes. On sent, en y pénétrant, que personne ne les visite. Partout, le sol creusé sonne sous les pas; par place, on voit l'entrée des souterrains. L'homme les examine avec curiosité et nous dit que beaucoup de brigands ont vécu là dedans, quelques années plus tôt. C'était là leur meilleur refuge, et le plus redouté. Dès que nous voulons redescendre, le premier guide reparaît; mais nous refusons ses services, et nous découvrons sans peine un sentier fort praticable qui pourrait même être suivi par des femmes.

Les Siciliens semblent avoir pris plaisir à grossir et à multiplier les histoires de bandits pour effrayer les étrangers; et, encore aujourd'hui, on hésite à entrer dans cette île aussi tranquille que la Suisse.

Voici une des dernières aventures à mettre au compte des rôdeurs malfaisants. Je la garantis vraie.

Un entomologiste fort distingué de Palerme, M. Ragusa, avait découvert un coléoptère qui fut longtemps confondu avec le *Polyphylla Olivieri*. Or, un savant allemand, M. Kraatz, reconnaissant qu'il appartenait à une espèce bien distincte, désira en posséder quelques spécimens et écrivit à un de ses amis de Sicile, M. di Stephani, qui s'adressa à son tour à M. Giuseppe Miraglia, pour le prier de lui capturer quelques-uns de ces insectes. Mais ils avaient disparu de la côte. Juste à ce moment, M. Lombardo Martorana, de Trapani, annonça à M. di Stephani qu'il venait de saisir plus de cinquante polyphylla.

M. di Stephani s'empressa de prévenir M. Miraglia par la lettre suivante :

« Mon cher Joseph,

« Le *Polyphylla Olivieri*, ayant eu connaissance de tes intentions meurtrières, a pris une autre route et il est allé se réfugier sur la côte de Trapani, où mon ami Lombardo en a déjà capturé plus de cinquante individus. »

Ici, l'aventure prend des allures tragi-comiques d'une invraisemblance épique.

A cette époque, les environs de Trapani étaient parcourus, paraît-il, par un brigand nommé Lombardo.

Or, M. Miraglia jeta au panier la lettre de son ami. Le domestique vida le panier dans la rue, puis, le ramasseur d'ordures passa et porta dans la plaine ce qu'il avait recueilli. Un paysan, voyant dans la campagne un beau papier bleu à peine froissé, le ramassa et le mit dans sa poche, par précaution ou par un besoin instinctif de lucre.

Plusieurs mois se passèrent, puis, cet homme, ayant été appelé à la questure, laissa glisser cette lettre à terre. Un gendarme la saisit et la présenta au juge qui tomba en arrêt sur les mots : *intentions meurtrières, pris une autre route, réfugiés, capturés, Lombardo*. Le paysan fut emprisonné, interrogé, mis au secret. Il n'avoua rien. On le garda et une enquête sévère fut ouverte. Les magistrats publièrent la lettre suspecte. mais, comme ils avaient lu « Petronilla Olivieri » au lieu de « Polyphylla », les entomologistes ne s'émurent pas.

Enfin on finit par déchiffrer la signature de M. di Stephani, qui fut appelé au tribunal. Ses explications ne furent pas admises. M. Miraglia, cité à son tour, finit par éclaircir le mystère.

Le paysan était demeuré trois mois en prison.

Un des derniers brigands siciliens fut donc, en vérité, une espèce de hanneton connu par les hommes de science sous le nom de *Polyphylla Ragusa*.

Rien de moins dangereux aujourd'hui que de parcourir cette Sicile redoutée, soit en voiture, soit à cheval, soit même à pied. Toutes les excursions les plus intéressantes, d'ailleurs, peuvent être accomplies presque entièrement en voiture. La première à faire est celle du temple de Ségeste.

Tant de poètes ont chanté la Grèce que chacun de nous en porte l'image en soi; chacun croit la connaître un peu, chacun l'aperçoit en songe telle qu'il la désire.

Pour moi, la Sicile a réalisé ce rêve; elle m'a montré la Grèce; et quand je pense à cette terre si artiste, il me semble que j'aperçois de grandes montagnes aux lignes douces, aux lignes classiques, et, sur les sommets, des temples, ces temples sévères, un peu lourds peut-être, mais admirablement majestueux, qu'on rencontre partout dans cette île.

Tout le monde a vu Pœstum et admiré les trois ruines superbes jetées dans cette plaine nue que la mer continue au loin, et qu'enferme, de l'autre côté, un large cercle de monts bleuâtres. Mais si le temple de Neptune est plus parfaitement conservé et plus pur (on le dit) que les temples de Sicile, ceux-ci sont placés en des paysages si merveilleux, si imprévus, que rien au monde ne peut faire imaginer l'impression qu'ils laissent à l'esprit.

Quand on quitte Palerme, on trouve d'abord le vaste bois d'orangers qu'on nomme la Conque d'or; puis le chemin de fer suit le rivage, un rivage de montagnes rousses et de rochers rouges. La voie enfin s'incline vers l'intérieur de l'île et on descend à la station d'Alcamo-Calatafimi.

Ensuite on s'en va, à travers un pays largement soulevé comme une mer de vagues monstrueuses et immobiles. Pas de bois, peu d'arbres, mais des vignes et des récoltes; et la route monte entre deux lignes interrompues d'aloès fleuris.

On dirait qu'un mot d'ordre a passé parmi eux pour leur faire pousser vers le ciel, la même année, presque au même jour, l'énorme et bizarre colonne que les poètes ont tant chantée. On suit, à perte de vue, la troupe infinie de ces plantes guerrières, épaisses, aiguës, armées et cuirassées, qui semblent porter leur drapeau de combat.

Après deux heures de route environ, on aperçoit tout à coup deux hautes montagnes, reliées par une pente douce arrondie en croissant d'un sommet à l'autre, et, au milieu de ce croissant, le profil d'un temple grec, d'un de ces puissants et beaux monuments que le peuple divin élevait à ses dieux humains.

Il faut, par un long détour, contourner l'un de ces monts, et on découvre de nouveau le temple qui se présente alors de face. Il semble maintenant appuyé à la montagne, bien qu'un ravin profond l'en sépare; mais elle se déploie derrière lui, et au-dessus de lui, l'enserre, l'entoure, semble l'abriter, le caresser. Et il se détache admirablement, avec ses trente-six colonnes doriques, sur l'immense draperie verte qui sert de fond à l'énorme monument, debout, tout seul, dans cette campagne illimitée.

On sent, quand on voit ce paysage grandiose

et simple, qu'on ne pouvait placer là qu'un temple grec, et qu'on ne pouvait le placer que là. Les maîtres décorateurs qui ont appris l'art à l'humanité, montrent, surtout en Sicile, quelle science profonde et raffinée ils avaient de l'effet et de la mise en scène. Je parlerai tout à l'heure des temples de Girgenti. Celui de Ségeste semble avoir été posé au pied de cette montagne par un homme de génie qui avait eu la révélation du point unique où il devait être élevé. Il anime, à lui tout seul, l'immensité du paysage ; il la fait vivante et divinement belle.

Sur le sommet du mont, dont on a suivi le pied pour aller au temple, on trouve les ruines du théâtre.

Quand on visite un pays que les Grecs ont habité ou colonisé, il suffit de chercher leurs théâtres pour trouver les plus beaux points de vue. S'ils plaçaient leurs temples, juste à l'endroit où ils pouvaient donner le plus d'effet, où ils pouvaient le mieux orner l'horizon, ils plaçaient, au contraire, leurs théâtres, juste à l'endroit d'où l'œil pouvait le plus être ému par les perspectives.

Celui de Ségeste, au sommet d'une montagne, forme le centre d'un amphithéâtre de monts dont la circonférence atteint au moins cent cinquante à deux cents kilomètres. On découvre encore d'autres sommets au loin, derrière les premiers; et, par une large baie en face de vous, la mer apparaît, bleue entre les cimes vertes.

Le lendemain du jour où l'on a vu Ségeste, on peut visiter Sélinonte, immense amas de colonnes éboulées, tombées tantôt en ligne, et côte à côte, comme des soldats morts, tantôt écroulées en chaos.

Ces ruines de temples géants, les plus vastes qui soient en Europe, emplissent une plaine entière et couvrent encore un coteau, au bout de la plaine. Elles suivent le rivage, un long rivage de sable pâle, où sont échouées quelques barques de pêche, sans qu'on puisse découvrir où habitent les pêcheurs. Cet amas informe de pierres ne peut intéresser, d'ailleurs, que les archéologues ou les âmes poétiques, émues par toutes les traces du passé.

Mais Girgenti, l'ancienne Agrigente, placée, comme Sélinonte, sur la côte sud de la Sicile, offre le plus étonnant ensemble de temples qu'il soit donné de contempler.

Sur l'arête d'une côte longue, pierreuse, toute nue et rouge, d'un rouge ardent, sans une herbe, sans un arbuste, et dominant la mer, la plage et le port, trois temples superbes profilent, vus d'en bas, leurs grandes silhouettes de pierre sur le ciel bleu des pays chauds.

Ils semblent debout dans l'air, au milieu d'un paysage magnifique et désolé. Tout est mort, aride et jaune, autour d'eux, devant eux et derrière eux. Le soleil a brûlé, mangé la terre. Est-ce même le soleil qui a rongé ainsi le sol, ou le feu profond qui brûle toujours les veines de cette île de volcans? Car, partout, autour de Girgenti, s'étend la contrée singulière des mines de soufre. Ici, tout est du soufre, la terre, les pierres, le sable, tout.

Eux, les temples, demeures éternelles des dieux, morts comme leurs frères les hommes, restent sur leur colline sauvage, loin l'un de l'autre d'un demi-kilomètre environ.

Voici d'abord celui de Junon Lacinienne, qui renferma, dit-on, le fameux tableau de Junon, par Zeuxis, qui avait pris pour modèles les cinq plus belles filles d'Acragas.

Puis le temple de la Concorde, un des mieux conservés de l'antiquité, parce qu'il servit d'église au moyen âge.

Plus loin les restes du temple d'Hercule.

Et, enfin, le gigantesque temple de Jupiter, vanté par Polybe et décrit par Diodore, construit au vᵉ siècle, et contenant trente-huit demi-colonnes de six mètres cinquante de circonférence. Un homme peut se tenir debout dans chaque cannelure.

Assis au bord de la route qui court au pied de cette côte surprenante, on reste à rêver devant ces admirables souvenirs du plus grand des peuples artistes. Il semble qu'on ait devant soi l'Olympe entier, l'Olympe d'Homère, d'Ovide, de Virgile, l'Olympe des dieux charmants, charnels, passionnés comme nous, faits comme nous, qui personnifiaient poétiquement toutes les tendresses de notre cœur, tous les songes de notre âme, et tous les instincts de nos sens.

C'est l'antiquité tout entière qui se dresse sur ce ciel antique. Une émotion puissante et singulière pénètre en vous, ainsi qu'une envie de s'agenouiller devant ces restes augustes, devant ces restes laissés par les maîtres de nos maîtres.

Certes, cette Sicile est, avant tout, une terre divine, car si l'on y trouve ces dernières demeures de Junon, de Jupiter, de Mercure ou d'Hercule, on y rencontre aussi les plus remarquables églises chrétiennes qui soient au monde. Et le souvenir qui vous reste des cathédrales de Cefalu, ou de Monreale, ainsi que de la chapelle Palatine, cette unique merveille, est plus puissant et plus vif encore que le souvenir des monuments grecs.

Au bout de la colline aux Temples de Girgenti commence une surprenante contrée qui semble le vrai royaume de Satan, car si, comme on le croyait jadis, le diable habite dans un vaste pays souterrain, plein de soufre en fusion, où il fait bouillir les damnés, c'est en Sicile assurément qu'il a établi son mystérieux domicile.

La Sicile fournit presque tout le soufre du monde. C'est par *milliers* qu'on trouve les mines de soufre dans cette île de feu.

Mais d'abord, à quelques kilomètres de la ville, on rencontre une bizarre colline appelée Maccaluba, composée d'argile et de calcaire, et couverte de petits cônes de deux à trois pieds de haut. On dirait des pustules, une monstrueuse maladie de la nature; car tous les cônes laissent couler de la boue chaude, pareille à une affreuse suppuration du sol; et ils lancent parfois des pierres à une grande hauteur, et ils ronflent étrangement en soufflant des gaz. Ils semblent grogner, sales, honteux, petits volcans bâtards et lépreux, abcès crevés.

Puis nous allons visiter les mines de soufre. Nous entrons dans les montages. C'est devant nous un vrai pays de désolation, une terre misérable qui semble maudite, condamnée par la nature. Les vallons s'ouvrent, gris, jaunes, pierreux, sinistres, portant la marque de la réprobation divine, avec un superbe caractère de solitude et de pauvreté.

On aperçoit enfin, de place en place, quelques vilains bâtiments, très bas. Ce sont les mines. On en compte, paraît-il, plus de mille dans ce bout de pays.

En pénétrant dans l'enceinte de l'une d'elles, on remarque d'abord un monticule singulier, grisâtre et fumant. C'est une vraie source de soufre, due au travail humain.

Voici comment on l'obtient. Le soufre, tiré des mines, est noirâtre, mélangé de terre, de calcaire, etc., et forme une sorte de pierre dure et cassante. Aussitôt apporté des galeries, on en construit une haute butte, puis on met le feu dans le milieu. Alors un incendie lent, continu, profond, ronge, pendant des semaines entières, le centre de la montagne factice et dégage le soufre pur, qui entre en fusion et coule ensuite, comme de l'eau, au moyen d'un petit canal.

On traite de nouveau le produit ainsi obtenu en des cuves où il bout et achève de se nettoyer.

La mine où a lieu l'extraction ressemble à toutes les mines. On descend par un escalier étroit, aux marches énormes et inégales, en des puits creusés en plein soufre. Les étages superposés communiquent par de larges trous qui donnent de l'air aux plus profonds. On étouffe, cependant, au bas de la descente ; on étouffe et on suffoque asphyxié par les émanations sulfureuses et par l'horrible chaleur d'étuve qui fait battre le cœur et couvre la peau de sueur.

De temps en temps, on rencontre, gravissant le rude escalier, une troupe d'enfants chargés de corbeilles. Ils halètent et râlent, ces misérables gamins accablés sous la charge. Ils ont dix ans, douze ans, et ils refont, quinze fois en un seul jour, l'abominable voyage, moyennant un sou par descente. Ils sont petits, maigres, jaunes, avec des yeux énormes et luisants, des figures fines aux lèvres minces qui montrent leurs dents, brillantes comme leurs regards.

Cette exploitation révoltante de l'enfance est une des choses les plus pénibles qu'on puisse voir.

Mais il existe sur une autre côte de l'île, ou plutôt à quelques heures de la côte, un si prodigieux phénomène naturel, qu'on oublie, quand on l'a vu, ces mines empoisonnées où l'on tue des enfants. Je veux parler du Volcano, fantastique fleur de soufre, éclose en pleine mer.

On part de Messine, à minuit, dans un malpropre bateau à vapeur, où les passagers des premières ne trouvent même pas de bancs pour s'asseoir sur le pont.

Aucun souffle de brise; seule, la marche du bâtiment trouble l'air calme endormi sur l'eau.

Les rives de Sicile et les rives de la Calabre exhalent une si puissante odeur d'orangers fleuris, que le détroit tout entier en est parfumé comme une chambre de femme. Bientôt, la ville s'éloigne, nous passons entre Charybde et Scylla, les montagnes s'abaissent derrière nous, et, au-dessus d'elles, apparaît la cime écrasée et neigeuse de l'Etna, qui semble coiffé d'argent sous la clarté de la pleine lune.

Puis on sommeille un peu, bercé par le bruit monotone de l'hélice, pour rouvrir les yeux à la lumière du jour naissant.

Voici là-bas, en face de nous, les Lipari. La

première, à gauche, et la dernière à droite, jettent sur le ciel une épaisse fumée blanche. Ce sont le Volcano et le Stromboli. Entre ces deux volcans, on aperçoit Lipari, Filicuri, Alicuri, et quelques îlots très bas.

Et le bâtiment s'arrête bientôt devant la petite île et la petite ville de Lipari.

Quelques maisons blanches au pied d'une grande côte verte. Rien de plus, pas d'auberge, aucun étranger n'abordant sur cette île.

Elle est fertile, charmante, entourée de rochers admirables, aux formes bizarres, d'un rouge puissant et doux. On y trouve des eaux thermales qui furent autrefois fréquentées, mais l'évêque Todaso fit détruire les bains qu'on avait construits, afin de soustraire son pays à l'affluence et à l'influence des étrangers.

Lipari est terminée, au nord, par une singulière montagne blanche, qu'on prendrait de loin pour une montagne de neige, sous un ciel plus froid. C'est de là qu'on tire la pierre ponce pour le monde entier.

Mais je loue une barque pour aller visiter Volcano.

Entraîné par quatre rameurs, elle suit la côte fertile, plantée de vignes. Les reflets des rochers rouges sont étranges dans la mer bleue. Voici le petit détroit qui sépare les deux îles. Le cône du Volcano sort des flots, comme un volcan noyé jusqu'à sa tête.

C'est un îlot sauvage, dont le sommet atteint environ 400 mètres et dont la surface est d'environ 20 kilomètres carrés. On contourne, avant de l'atteindre, un autre îlot, le Volcanello, qui sortit brusquement de la mer vers l'an 200 avant J.-C. et qu'une étroite langue de terre, balayée par les vagues aux jours de tempête, unit à son frère aîné.

Nous voici au fond d'une baie plate, en face du cratère qui fume. A son pied, une maison habitée par un Anglais qui dort, paraît-il, en ce moment, sans quoi je ne pourrais gravir le volcan que cet industriel exploite ; mais il dort, et je traverse un grand jardin potager, puis quelques vignes, propriété de l'Anglais, puis un vrai bois de genêts d'Espagne en fleur. On dirait une immense écharpe jaune, enroulée autour du cône pointu, dont la tête aussi est jaune, d'un jaune aveuglant sous l'éclatant soleil. Et je commence à monter par un étroit sentier qui serpente dans la cendre et dans la lave, va, vient et revient, escarpé, glissant et dur. Parfois, comme on voit en Suisse des torrents tomber des sommets, on aperçoit une immobile cascade de soufre qui s'est épanchée par une crevasse.

On dirait des ruisseaux de féerie, de la lumière figée, des coulées de soleil.

J'atteins enfin, sur le faîte, une large plate-forme autour du grand cratère. Le sol tremble, et, devant moi, par un trou gros comme la tête d'un homme, s'échappe avec violence un immense jet de flamme et de vapeur, tandis qu'on voit s'épandre des lèvres de ce trou le soufre liquide, doré par le feu. Il forme, autour de cette source fantastique, un lac jaune bien vite durci.

Plus loin, d'autres crevasses crachent aussi des vapeurs blanches qui montent lourdement dans l'air bleu.

J'avance avec crainte sur la cendre chaude et la lave jusqu'au bord du grand cratère. Rien de plus surprenant ne peut frapper l'œil humain.

Au fond de cette cuve immense, appelée « la Fossa », large de cinq cents mètres et profonde de deux cents mètres environ, une dizaine de fissures géantes et de vastes trous ronds vomissent du feu, de la fumée et du soufre, avec un bruit formidable de chaudières. On descend, le long des parois de cet abîme, et on se promène jusqu'au bord des bouches furieuses du volcan. Tout est jaune autour de moi, sous mes pieds et sur moi, d'un jaune aveuglant, d'un jaune affolant. Tout est jaune : le sol, les hautes murailles et le ciel lui-même. Le soleil jaune verse dans ce gouffre mugissant sa lumière ardente, que la chaleur de cette cuve de soufre rend douloureuse comme une brûlure. Et l'on voit bouillir le liquide jaune qui coule, on voit fleurir d'étranges cristaux, mousser des acides éclatants et bizarres au bord des lèvres rouges des foyers.

L'Anglais qui dort au pied du mont, cueille, exploite et vend ces acides, ces liquides, tout ce que vomit le cratère; car tout cela, paraît-il, vaut de l'argent, beaucoup d'argent.

Je reviens lentement, essoufflé, haletant, suffoqué par l'haleine irrespirable du volcan; et bientôt, remonté au sommet du cône, j'aperçois toutes les Lipari égrenées sur les flots.

Là-bas, en face, se dresse le Stromboli : tandis que, derrière moi, l'Etna gigantesque semble regarder au loin ses enfants et ses petits-enfants.

De la barque, en revenant, j'avais découvert

une île cachée derrière Lipari. Le batelier la nomma : « Salina ». C'est sur elle qu'on récolte le vin de Malvoisie.

Je voulus boire à sa source même une bouteille de ce vin fameux. On dirait du sirop de soufre. C'est bien le vin des volcans, épais, sucré, doré et tellement soufré, que le goût vous en reste au palais jusqu'au soir : le vin du diable.

Le sale vapeur qui m'a amené me remmène. D'abord, je regarde le Stromboli, montagne ronde et haute, dont la tête fume et dont le pied s'enfonce dans la mer. Ce n'est rien qu'un cône énorme qui sort de l'eau. Sur ses flancs, on distingue quelques maisons accrochées comme des coquilles marines au dos d'un rocher. Puis mes yeux se tournent vers la Sicile, où je reviens, et ils ne peuvent plus se détacher de l'Etna accroupi sur elle, l'écrasant de son poids formidable, monstrueux, et dominant de sa tête couverte de neige toutes les autres montagnes de l'île.

Elles ont l'air de naines, ces grandes montagnes, au-dessous de lui ; et lui-même il semble bas, tant il est large et pesant. Pour comprendre les dimensions de ce lourd géant, il faut le voir de la pleine mer.

A gauche, se montrent les rives montueuses de

la Calabre, et le détroit de Messine s'ouvre comme l'embouchure d'un fleuve. On y pénètre pour entrer bientôt dans le port.

La ville n'a rien d'intéressant. On prend, dès le jour même, le chemin de fer pour Catane. Il suit une côte admirable, contourne des golfes bizarres que peuplent, au fond des baies, au bord des sables, de petits villages blancs. Voici Taormine.

Un homme n'aurait à passer qu'un jour en Sicile et demanderait : « Que faut-il y voir? » — Je lui répondrais sans hésiter : « Taormine. »

Ce n'est rien qu'un paysage, mais un paysage où l'on trouve tout ce qui semble fait sur la terre pour séduire les yeux, l'esprit et l'imagination.

Le village est accroché sur une grande montagne, comme s'il eût roulé du sommet, mais on ne fait que le traverser, bien qu'il contienne quelques jolis restes du Passé, et l'on va au théâtre grec, pour y voir coucher le soleil.

J'ai dit, en parlant du théâtre de Ségeste, que les Grecs savaient choisir, en décorateurs incomparables, le lieu unique où devait être construit le théâtre, cet endroit fait pour le bonheur des sens artistes.

Celui de Taormine est si merveilleusement placé qu'il ne doit pas exister, par le monde entier, un autre point comparable. Quand on a pénétré dans l'enceinte, visité la scène, la seule qui soit parvenue jusqu'à nous en bon état de conservation, on gravit les gradins éboulés et couverts d'herbe, destinés autrefois au public, et qui pouvaient contenir 35,000 spectateurs, et on regarde.

On voit d'abord la ruine, triste, superbe, écroulée, où restent debout, toutes blanches encore, de charmantes colonnes de marbre coiffées de leurs chapiteaux; puis, par-dessus les murs, on aperçoit au-dessous de soi la mer à perte de vue, la rive qui s'en va jusqu'à l'horizon, semée de rochers énormes, bordée de sables dorés, et peuplée de villages blancs; puis à droite, au-dessus de tout, dominant tout, emplissant la moitié du ciel de sa masse, l'Etna couvert de neige, et qui fume, là-bas.

Où sont donc les peuples qui sauraient, aujourd'hui, faire des choses pareilles? Où sont donc les hommes qui sauraient construire pour l'amusement des foules des édifices comme celui-ci?

Ces hommes-là, ceux d'autrefois, avaient une

âme et des yeux qui ne ressemblaient point aux nôtres, et dans leurs veines, avec leur sang, coulait quelque chose de disparu : l'amour et l'admiration du Beau.

Mais nous repartons vers Catane, d'où je veux gravir le volcan.

De temps en temps, entre deux monts, on l'aperçoit coiffé d'un nuage immobile de vapeurs sorties du cratère.

Partout, autour de nous, le sol est brun, d'une couleur de bronze. Le train court sur un rivage de lave.

Le monstre est loin, pourtant, à 36 ou 40 kilomètres, peut-être. On comprend alors combien il est énorme. De sa gueule noire et démesurée, il a vomi, de temps en temps, un flot brûlant de bitume qui, coulant sur ses pentes douces ou rapides, comblant des vallées, ensevelissant des villages, noyant des hommes comme un fleuve, est venu s'éteindre dans la mer en la refoulant devant lui. Ils ont fait des falaises, des montagnes, des ravins, ces flots lents, pâteux et rouges, et, devenus sombres en se durcissant, ils ont étendu, tout autour de l'immense volcan, un pays noir et bizarre, crevassé, bosselé, tortueux, invraisemblable, dessiné par le hasard des éruptions et la fantaisie effrayante des laves chaudes.

Quelquefois, l'Etna demeure tranquille pendant des siècles, soufflant seulement dans le ciel la fumée pesante de son cratère. Alors, sous les pluies et sous le soleil, les laves des anciennes coulées se pulvérisent, deviennent une sorte de cendre, de terre sablonneuse et noire, où poussent des oliviers, des orangers, des citronniers, des grenadiers, des vignes, des récoltes.

Rien de plus vert, de plus joli, de plus charmant que Aci-Reale, au milieu d'un bois d'orangers et d'oliviers. Puis, parfois, à travers les arbres, on aperçoit de nouveau un large flot noir qui a résisté au temps, qui a gardé les formes de tous les bouillonnements, des contours extraordinaires, des apparences de bêtes enlacées, de membres tordus.

Voici Catane, une vaste et belle ville, construite entièrement sur la lave. Des fenêtres du Grand-Hôtel nous découvrons toute la cime de l'Etna.

Avant d'y monter, écrivons en quelques lignes son histoire.

Les anciens en faisaient l'atelier de Vulcain. Pindare décrit l'éruption de 476, mais Homère ne le mentionne pas comme volcan. Il avait cependant forcé déjà, avant l'époque historique, les Sicanes à fuir loin de lui. On connaît environ 80 éruptions.

Les plus violentes furent celles de 396, 126, et 122 avant J.-C., puis celles de 1169, 1329, 1537, et, surtout, celle de 1669, qui chassa de leurs habitations plus de 27,000 personnes et en fit périr un grand nombre.

C'est alors que sortirent brusquement de terre deux hautes montagnes, les monts Rossi.

En 1693, une éruption, accompagnée d'un terrible tremblement de terre, détruisit 40 villes environ et ensevelit sous les décombres près de 100,000 personnes. En 1755, une autre éruption causa de nouveaux, d'épouvantables ravages. Celles de 1792, 1843, 1852, 1865, 1874, 1879 et 1882 furent également violentes et meurtrières. Tantôt les laves s'élancent du grand cratère ; tantôt elles s'ouvrent des issues de 59 à 60 mètres de large sur les flancs de la montagne et s'échappent de ces crevasses en coulant vers la plaine.

Le 26 mai 1879, la lave, sortie d'abord du cratère de 1874, a jailli bientôt d'un nouveau cône de 170 mètres de haut, soulevé, sous leur effort, à une altitude de 2,450 mètres environ. Elle est descendue rapidement, traversant la route de

Linguaglossa à Rondazzo, et s'est arrêtée près de la rivière d'Alcantara. La superficie de cette coulée est de 22,860 hectares, bien que l'éruption n'ait pas duré plus de dix jours.

Pendant ce temps, le cratère du sommet lançait seulement des vapeurs épaisses, du sable et des cendres.

Grâce à l'excessive complaisance de M. Ragusa, membre du Club Alpin, et propriétaire du Grand-Hôtel, nous avons fait, avec une extrême facilité, l'ascension de ce volcan, ascension un peu fatigante, mais nullement périlleuse.

Une voiture nous conduisit d'abord à Nicolosi, à travers des champs et des jardins pleins d'arbres poussés dans la lave pulvérisée. De temps en temps, on traverse d'énormes coulées que coupe l'entaille de la route, et partout le sol est noir.

Après trois heures de marche et de montée douce, on arrive au dernier village au pied de l'Etna, Nicolosi, situé déjà à 700 mètres d'altitude et à 14 kilomètres de Catane.

Là, on laisse la voiture pour prendre des guides, des mulets, des couvertures, des bas et des gants de laine, et on repart.

Il est quatre heures de l'après-midi. L'ardent

soleil des pays orientaux tombe sur cette terre étrange, la chauffe et la brûle.

Les bêtes vont lentement, d'un pas accablé, dans la poussière qui s'élève autour d'elles comme un nuage. La dernière, qui porte les paquets et les provisions, s'arrête à tout instant, semble désolée par la nécessité de refaire, encore une fois, ce voyage inutile et pénible.

Autour de nous, maintenant, ce sont des vignes, des vignes plantées dans la lave, les unes jeunes, les autres vieilles. Puis voici une lande, une lande de lave couverte de genêts fleuris, une lande d'or; puis nous traversons l'énorme coulée de 1882; et nous demeurons effarés devant ce fleuve immense, noir et immobile, devant ce fleuve bouillonnant et pétrifié, venu de là-haut, du sommet qui fume, si loin, si loin, à 20 kilomètres environ. Il a suivi des vallées, contourné des pics, traversé des plaines, ce fleuve; et le voici à présent près de nous, arrêté soudain dans sa marche quand sa source de feu s'est tarie.

Nous montons, laissant à gauche les monts Rossi, et découvrant sans cesse d'autres monts, innombrables, appelés par les guides les fils de l'Etna, poussés autour du monstre, qui porte ainsi un collier de volcans. Ils sont 350 environ, ces noirs enfants de l'aïeul, et beaucoup d'entre eux atteignent la taille du Vésuve.

Maintenant, nous traversons un maigre bois poussé toujours dans la lave, et soudain le vent s'élève. C'est d'abord un souffle brusque et violent que suit un moment de calme, puis une rafale furieuse, à peine interrompue, qui soulève et emporte un flot épais de poussière.

Nous nous arrêtons derrière une muraille de lave pour attendre, et nous demeurons là jusqu'à la nuit. Il faut enfin repartir, bien que la tempête continue.

Et, peu à peu, le froid nous prend, ce froid pénétrant des montagnes, qui gèle le sang et paralyse les membres. Il semble caché, embusqué dans le vent; il pique les yeux et mord la peau de sa morsure glacée. Nous allons, enveloppés dans nos couvertures, tout blancs comme des Arabes, des gants aux mains, la tête encapuchonnée, laissant marcher nos mulets qui se suivent et trébuchent dans le sentier raboteux et obscur.

Voici enfin la Casa del Bosco, sorte de hutte habitée par cinq ou six bûcherons. Le guide déclare qu'il est impossible d'aller plus loin par cet ouragan et nous demandons l'hospitalité pour la nuit. Les hommes se relèvent, allument du feu et nous cèdent deux maigres paillasses qui semblent ne contenir que des puces. Toute la cabane frissonne et tremble sous les secousses de la tempête, et l'air passe avec furie par les tuiles disjointes du toit.

Nous ne verrons pas le lever du soleil sur le sommet de la montagne.

Après quelques heures de repos sans sommeil, nous repartons. Le jour est venu et le vent se calme.

Autour de nous, s'étend maintenant un pays noir et vallonné, montant doucement vers la région des neiges qui brillent, aveuglantes, au pied du dernier cône, haut de 300 mètres.

Bien que le soleil s'élève au milieu d'un cie tout bleu, le froid, le cruel froid des grands sommets, nous engourdit les doigts et nous brûle la peau. Nos mulets, l'un derrière l'autre, suivent lentement le sentier tortueux qui contourne toutes les fantaisies de la lave.

Voici la première plaine de neige. On l'évite par un crochet. Mais une autre la suit bientôt, qu'il faut traverser en ligne droite. Les bêtes hésitent, la tâtent du pied, s'avancent avec précaution. Soudain, j'ai la sensation brusque de m'engloutir dans le sol. Les deux jambes de devant de mon mulet, crevant la croûte qui les porte, ont pénétré jusqu'au poitrail. La bête se débat, affolée, se relève, enfonce de nouveau des quatre pieds, se relève encore, pour retomber toujours.

Les autres en font autant. Nous devons sauter à terre, les calmer, les aider, les traîner. A tout instant, elles plongent ainsi jusqu'au ventre dans cette mousse blanche et froide où nos pieds aussi pénètrent parfois jusqu'aux genoux. Entre ces passages de neige qui comble les vallons, nous retrouvons la lave, de grandes plaines de lave pareilles à des champs immenses de velours noir, brillant sous le soleil avec autant d'éclat que la neige elle-même. C'est la *région déserte*, la région morte, qui semble en deuil, toute blanche et toute noire, aveuglante, horrible et superbe, inoubliable.

Après quatre heures de marche et d'efforts, nous atteignons la Casa Inglese, petite maison de pierre, entourée de glace, presque ensevelie sous la neige au pied du dernier cône qui se dresse derrière, énorme et tout droit, couronné de fumée.

C'est ici qu'on passe ordinairement la nuit, sur la paille, pour aller voir se lever le soleil au bord du cratère. Nous y laissons les mulets et nous commençons à gravir ce mur effrayant de cendre durcie qui cède sous le pied, où l'on ne peut s'accrocher, se retenir à rien, où l'on redescend un pas sur trois. On va soufflant, haletant, enfonçant dans le sol mou le bâton ferré, s'arrêtant à tout moment.

On doit alors piquer entre ses jambes ce bâton pour ne point glisser et redescendre, car la pente est si rapide qu'on n'y peut même tenir assis.

Il faut une heure environ pour gravir ces trois cents mètres. Depuis quelque temps, déjà, des vapeurs de soufre nous prennent à la gorge. Nous avons aperçu, tantôt sur la droite, tantôt sur la gauche, de grands jets de fumée sortant par des fissures du sol; nous avons posé nos mains sur de grosses pierres brûlantes. Enfin nous atteignons une étroite plate-forme. Devant nous, une nuée épaisse s'élève lentement, comme un rideau blanc qui monte, qui sort de terre. Nous avançons encore quelques pas, le nez et la bouche enveloppés, pour n'être point suffoqués par le soufre; et soudain, devant nos pieds, s'ouvre un prodigieux, un effroyable abîme qui mesure environ *cinq* kilomètres de circonférence. On distingue à peine, à travers les vapeurs suffocantes, l'autre bord de ce trou monstrueux, large de 1,500 mètres, et dont la muraille toute droite s'enfonce vers le mystérieux et terrible pays de feu.

La bête est calme. Elle dort au fond, tout au fond. Seule la lourde fumée s'échappe de la prodigieuse cheminée, haute de 3,312 mètres.

Autour de nous c'est plus étrange encore. Toute la Sicile est cachée par des brumes qui s'arrêtent au bord des côtes, voilant seulement la terre, de sorte que nous sommes en plein ciel, au milieu des mers, au-dessus des nuages, si haut, si haut, que la Méditerranée, s'étendant partout à perte de vue, a l'air d'être encore du ciel bleu. L'azur nous enveloppe donc de tous les côtés. Nous sommes debout sur un mont surprenant, sorti des nuages et noyé dans le ciel, qui s'étend sur nos têtes, sous nos pieds, partout.

Mais, peu à peu, les nuées répandues sur l'île s'élèvent autour de nous, enfermant bientôt l'immense volcan au milieu d'un cercle de nuages, d'un gouffre de nuages. Nous sommes maintenant, à notre tour, au fond d'un cratère tout blanc, d'où l'on n'aperçoit plus que le firmament bleu, là-haut, en regardant en l'air.

En d'autres jours, le spectacle est tout différent, dit-on.

On attend le lever du soleil qui apparaît derrière les côtes de la Calabre. Elles jettent au loin leur ombre sur la mer, jusqu'au pied de l'Etna, dont la silhouette sombre et démesurée couvre la Sicile entière de son immense triangle, qui s'efface à mesure que l'astre s'élève. On découvre alors un panorama ayant plus de 400 kilomètres de diamètre, et 1,300 de circonférence, avec l'Italie au nord et les îles Lipari, dont les deux volcans semblent saluer leur père; puis, tout au sud, Malte, à peine visible. Dans les ports de la Sicile, les navires ont l'air d'insectes sur la mer.

Alexandre Dumas père a fait de ce spectacle une description très heureuse et très enthousiaste.

Nous redescendons, autant sur le dos que sur les pieds, le cône rapide du cratère, et nous entrons bientôt dans l'épaisse ceinture de nuages qui enveloppe la cime du mont. Après une heure de marche à travers les brumes, nous l'avons enfin franchie et nous découvrons, sous nos pieds, l'île dentelée et verte, avec ses golfes, ses caps, ses villes, et la grande mer toute bleue qui l'enferme.

Revenus à Catane, nous partons le lendemain pour Syracuse.

C'est par cette petite ville singulière et charmante qu'il faut terminer une excursion en Sicile. Elle fut illustre autant que les plus grandes cités; ses tyrans eurent des règnes célèbres comme celui de Néron; elle produit un vin rendu fameux par les poètes; elle a, sur les bords du golfe qu'elle domine, un tout petit fleuve, l'Anapo, où pousse le papyrus, gardien secret de la pensée; et elle enferme dans ses murs une des plus belles Vénus du monde.

Des gens traversent des continents pour aller en pèlerinage à quelque statue miraculeuse, — moi, j'ai porté mes dévotions à la Vénus de Syracuse!

Dans l'album d'un voyageur, j'avais vu la photographie de cette sublime femelle de marbre; et je devins amoureux d'elle, comme on est amoureux d'une femme. Ce fut elle, peut-être, qui me décida à faire ce voyage; je parlais d'elle et je rêvais d'elle à tout instant, avant de l'avoir vue.

Mais nous arrivions trop tard pour pénétrer dans le musée confié aux soins du savant professeur Francesco Saverio Cavalari, qui, Empédocle moderne, descendit boire une tasse de café dans le cratère de l'Etna.

Il me faut donc parcourir la ville, bâtie sur un îlot, et séparée de la terre par trois enceintes, entre lesquelles passent trois bras de mer. Elle est petite, jolie, assise au bord du golfe, avec des jardins et des promenades qui descendent jusqu'aux flots.

Puis nous allons aux Latomies, immenses excavations à ciel ouvert, qui furent d'abord des carrières et devinrent ensuite des prisons où furent enfermés, pendant huit mois, après la défaite de Nicias, les Athéniens capturés, torturés par la faim, la soif, l'horrible chaleur de cette cuve, et la fange grouillante où ils agonisaient.

Dans l'une d'elles, la Latomie du Paradis, on remarque, au fond d'une grotte, une ouverture bizarre, appelée oreille de Denys, qui venait écouter au bord de ce trou, disait-on, les plaintes de ses victimes. D'autres versions ont cours aussi. Certains savants ingénieux prétendent que cette grotte, mise en communication avec le théâtre, servait de salle souterraine pour les représentations auxquelles elle prêtait l'écho de sa sonorité prodigieuse; car les moindres bruits y prennent une surprenante résonance.

La plus curieuse des Latomies est assurément

celle des Capucins, vaste et profond jardin divisé par des voûtes, des arches, des rocs énormes et enfermé en des falaises blanches.

Un peu plus loin, on visite les catacombes, dont l'étendue atteindrait 200 hectares, et où M. Cavalari découvrit un des plus beaux sarcophages chrétiens qui soient connus.

Et puis on rentre dans l'humble hôtel qui domine la mer et on reste tard à rêver, en regardant l'œil rouge et l'œil bleu d'un navire à l'ancre.

Aussitôt le matin venu, comme notre visite est annoncée, on nous ouvre les portes du ravissant petit palais qui renferme les collections et les œuvres d'art de la ville.

En pénétrant dans le musée, je l'aperçus au fond d'une salle, et belle comme je l'avais devinée.

Elle n'a point de tête, un bras lui manque; mais jamais la forme humaine ne m'est apparue plus admirable et plus troublante.

Ce n'est point la femme poétisée, la femme idéalisée, la femme divine ou majestueuse comme la Vénus de Milo, c'est la femme telle qu'elle est, telle qu'on l'aime, telle qu'on la désire, telle qu'on la veut étreindre.

Elle est grasse, avec la poitrine forte, la hanche puissante et la jambe un peu lourde, c'est une Vénus charnelle, qu'on rêve couchée en la voyant debout. Son bras tombé cachait ses seins ; de la main qui lui reste elle soulève une draperie dont elle couvre, avec un geste adorable, les charmes les plus mystérieux. Tout le corps est fait, conçu, penché pour ce mouvement, toutes les lignes s'y concentrent, toute la pensée y va. Ce geste simple et naturel, plein de pudeur et d'impudicité, qui cache et montre, voile et révèle, attire et dérobe, semble définir toute l'attitude de la femme sur la terre.

Et le marbre est vivant. On le voudrait palper, avec la certitude qu'il cédera sous la main, comme de la chair.

Les reins, surtout, sont inexprimablement animés et beaux. Elle se déroule avec tout son charme, cette ligne onduleuse et grasse des dos féminins qui va de la nuque aux talons, et qui montre, dans le contour des épaules, dans la rondeur décroissante des cuisses et dans la légère courbe du mollet aminci jusqu'aux chevilles, toutes les modulations de la grâce humaine.

Une œuvre d'art n'est supérieure que si elle

est, en même temps, un symbole et l'expression exacte d'une réalité.

La Vénus de Syracuse est une femme, et c'est aussi le symbole de la chair.

Devant la tête de la Joconde, on se sent obsédé par on ne sait quelle tentation d'amour énervant et mystique. Il existe aussi des femmes vivantes dont les yeux nous donnent ce rêve d'irréalisable et mystérieuse tendresse. On cherche en elles autre chose derrière ce qui est, parce qu'elles paraissent contenir et exprimer un peu de l'insaisissable idéal. Nous le poursuivons sans jamais l'atteindre, derrière toutes les surprises de la beauté qui semble contenir de la pensée, dans l'infini du regard, qui n'est qu'une nuance de l'iris, dans le charme du sourire venu d'un pli de la lèvre et d'un éclair d'émail, dans la grâce du mouvement né du hasard et de l'harmonie des formes.

Ainsi les poètes, impuissants décrocheurs d'étoiles, ont toujours été tourmentés par la soif de l'amour mystique. L'exaltation naturelle d'une âme poétique, exaspérée par l'excitation artistique, pousse ces êtres d'élite à concevoir une sorte d'amour nuageux éperdument tendre, extatique, jamais rassasié, sensuel sans être charnel, tellement délicat qu'un rien le fait s'évanouir, irréalisable et surhumain. Et ces poètes sont, peut-être, les seuls hommes qui n'aient jamais aimé une femme, une vraie femme en chair et en os, avec ses qualités de femme, ses défauts de femme, son esprit de femme restreint et charmant, ses nerfs de femme et sa troublante femellerie.

Toute créature devant qui s'exalte leur rêve est le symbole d'un être mystérieux, mais féerique : l'être qu'ils chantent, ces chanteurs d'illusions. Elle est, cette vivante adorée par eux, quelque chose comme la statue peinte, image d'un dieu devant qui s'agenouille le peuple. Où est ce dieu ? Quel est ce dieu ? Dans quelle partie du ciel habite l'inconnue qu'ils ont tous idolâtrée, ces fous, depuis le premier rêveur jusqu'au dernier ? Sitôt qu'ils touchent une main qui répond à leur pression, leur âme s'envole dans l'invisible songe, loin de la charnelle réalité.

La femme qu'ils étreignent, ils la transforment, la complètent, la défigurent avec leur art de poètes. Ce ne sont pas ses lèvres qu'ils baisent, ce sont les lèvres rêvées. Ce n'est pas au fond de ses yeux bleus ou noirs que se perd ainsi leur regard exalté, c'est dans quelque chose d'inconnu et d'inconnaissable! L'œil de leur maîtresse n'est que la vitre par laquelle ils cherchent à voir le paradis de l'amour idéal.

Mais si quelques femmes troublantes peuvent donner à nos âmes cette rare illusion, d'autres ne font qu'exciter en nos veines l'amour impétueux d'où sort notre race.

La Vénus de Syracuse est la parfaite expression de cette beauté puissante, saine et simple. Ce torse admirable, en marbre de Paros, est, dit-on, la Vénus Callipyge décrite par Athénée et Lampride; et qui fut donnée par Héliogabale aux Syracusains.

Elle n'a pas de tête! Qu'importe? Le symbole en est devenu plus complet. C'est un corps de femme qui exprime toute la poésie réelle de la caresse.

Schopenhauer a dit que la nature, voulant perpétuer l'espèce, a fait de la reproduction un piège.

Cette forme de marbre, vue à Syracuse, c'est bien le piège humain deviné par l'artiste antique, la femme qui cache et montre l'affolant mystère de la vie.

Est-ce un piège? Tant pis! Elle appelle la bouche, elle attire la main, elle offre aux baisers la palpable réalité de la chair admirable, de la chair élastique et blanche, ronde et ferme et délicieuse sous l'étreinte.

Elle est divine, non pas parce qu'elle exprime une pensée, mais seulement parce qu'elle est belle.

Et on songe, en l'admirant, au bélier de bronze de Syracuse, le plus beau morceau du musée de Palerme, qui, lui aussi, semble contenir toute l'animalité du monde. La bête puissante est couchée, le corps sur ses pattes et la tête tournée à gauche. Et cette tête d'animal semble une tête de dieu, de dieu bestial, impur et superbe. Le front est large et frisé, les yeux écartés, le nez en bosse, long, fort et ras, d'une prodigieuse expression brutale. Les cornes, rejetées en arrière, tombent, s'enroulent et se recourbent, écartant leurs pointes aiguës sous les oreilles minces qui ressemblent elles-mêmes à deux cornes. Et le regard de la bête vous pénètre, stupide, inquiétant et dur. On sent le fauve en approchant de ce bronze.

Quels sont donc les deux artistes merveilleux qui ont ainsi formulé, sous deux aspects si différents, la simple beauté de la créature?

Voilà les deux seules statues qui m'aient laissé,

comme des êtres, l'envie ardente de les revoir.

Au moment de sortir, je donne encore à cette croupe de marbre ce dernier regard de la porte qu'on jette aux femmes aimées, en les quittant, et je monte aussitôt en barque pour aller saluer, devoir d'écrivain, les papyrus de l'Anapo.

On traverse le golfe d'un bord à l'autre et on aperçoit, sur la rive plate et nue, l'embouchure d'une très petite rivière, presque un ruisseau, où le bateau s'engage.

Le courant est fort et dur à remonter. Tantôt on rame, tantôt on se sert de la gaffe pour glisser sur l'eau qui court, rapide, entre deux berges couvertes de fleurs jaunes, petites, éclatantes, deux berges d'or.

Voici des roseaux que nous froissons en passant, qui se penchent et se relèvent, puis, le pied dans l'eau, des iris bleus, d'un bleu violent, sur qui voltigent d'innombrables libellules aux ailes de verre, nacrées et frémissantes, grandes comme des oiseaux-mouches. Maintenant, sur les deux talus qui nous emprisonnent, poussent des chardons géants et des liserons démesurés, enlaçant ensemble les plantes de la terre et les roseaux du ruisseau.

Sous nous, au fond de l'eau, c'est une forêt de

grandes herbes onduleuses qui remuent, flottent, semblent nager dans le courant qui les agite.

Puis l'Anapo se sépare de l'antique Cyané, son tributaire. Nous allons toujours à coups de perche entre les berges. Le ruisseau serpente avec de charmants points de vue, des perspectives fleuries et coquettes. Une île apparaît enfin, pleine d'arbustes étranges. Les tiges frêles et triangulaires, hautes de neuf à douze pieds, portent à leur sommet des touffes rondes de fils verts, longs, minces et souples comme des cheveux. On dirait des têtes humaines devenues plantes, jetées dans l'eau sacrée de la source par un des dieux païens qui vivaient là jadis. C'est le papyrus antique.

Les paysans, d'ailleurs, appellent ce roseau : *parruca*.

En voici d'autres plus loin, un bois entier. Ils frémissent, murmurent, se penchent, mêlent leurs fronts poilus, les heurtent, semblent parler de choses inconnues et lointaines.

N'est-il pas étrange que l'arbuste vénérable, qui nous apporta la pensée des morts, qui fut le gardien du génie humain, ait, sur son corps infime d'arbrisseau, une grosse crinière épaisse et flottante, ainsi que celle des poètes ?

Nous revenons à Syracuse alors que le soleil se couche; et nous regardons, dans la rade, un paquebot qui vient d'arriver et qui, ce soir même, nous emportera vers l'Afrique.

D'ALGER A TUNIS

I

Sur les quais d'Alger, dans les rues des villages indigènes, dans les plaines du Tell, sur les montagnes du Sahel ou dans les sables du Sahara, tous ces corps drapés comme en des robes de moines, la tête encapuchonnée sous le turban flottant par derrière, ces traits sévères, ces regards fixes, ont l'air d'appartenir à des religieux d'un même ordre austère, répandus sur la moitié du globe.

Leur démarche même est celle de prêtres; leurs gestes, ceux d'apôtres prêcheurs; leur attitude, celle de mystiques pleins de mépris du monde.

Nous sommes, en effet, chez des hommes où

l'idée religieuse domine tout, efface tout, règle les actions, étreint les consciences, moule les cœurs, gouverne la pensée, prime tous les intérêts, toutes les préoccupations, toutes les agitations.

La religion est la grande inspiratrice de leurs actes, de leur âme, de leurs qualités et de leurs défauts. C'est par elle, pour elle qu'ils sont bons, braves, attendris, fidèles, car ils semblent n'être rien par eux-mêmes, n'avoir aucune qualité qui ne leur soit inspirée ou commandée par leur foi. Nous ne découvrons guère la nature spontanée ou primitive de l'Arabe sans qu'elle ait été, pour ainsi dire, recréée par sa croyance, par le Coran, par l'enseignement de Mohammed. Jamais aucune autre religion ne s'est incarnée ainsi en des êtres.

Allons donc les voir prier dans leur mosquée, dans la mosquée blanche qu'on aperçoit là-bas, au bout du quai d'Alger.

Dans la première cour, sous une arcade de colonnettes vertes, bleues et rouges, des hommes, assis ou accroupis, causent à voix basse, avec la tranquillité grave des Orientaux. En face de l'entrée, au fond d'une petite pièce carrée, qui ressemble à une chapelle, le cadi rend la justice. Des plaignants attendent sur des bancs; un Arabe agenouillé parle, tandis que le magistrat, enveloppé, presque disparu sous tous les plis de ses vêtements et sous la masse de son lourd turban, ne montre qu'un peu de visage et regarde le plaideur d'un œil dur et calme, en l'écoutant. Un mur, où s'ouvre une fenêtre grillée, sépare cette pièce de celles où les femmes, créatures moins nobles que l'homme, et qui ne peuvent se tenir en face du cadi, attendent leur tour pour exposer leur plainte par ce guichet de confessionnal.

Le soleil qui tombe en flots de feu sur les murs de neige de ces petits bâtiments pareils à des tombeaux de marabouts, et sur la cour, où une vieille Arabe jette des poissons morts à une armée de chats tigrés, rejaillit à l'intérieur sur les burnous, les jambes sèches et brunes, et les figures impassibles. Plus loin, voici l'école, à côté de la fontaine où l'eau coule sous un arbre. Tout est là, dans cette douce et paisible enceinte : la religion, la justice, l'instruction.

J'entre dans la mosquée après m'être déchaussé, et je m'avance sur les tapis au milieu des colonnes claires dont les lignes régulières emplissent ce temple silencieux, vaste et bas, d'une foule de larges piliers. Car ils sont très larges, ayant une face orientée vers la Mecque, afin que chaque croyant puisse, en se plaçant devant, ne rien voir, n'être distrait par rien, et, tourné vers la ville sainte, s'absorber dans la prière.

En voici qui se prosternent ; d'autres, debout, murmurent les formules du Coran dans les postures prescrites ; d'autres, encore, libres de ces devoirs accomplis, causent assis par terre, le long des murs, car la mosquée n'est pas seulement un lieu de prière, c'est aussi un lieu de repos, où l'on séjourne, où l'on vit des jours entiers.

Tout est simple, tout est nu, tout est blanc, tout est doux, tout est paisible en ces asiles de foi, si différents de nos églises décoratives, agitées, quand elles sont pleines, par le bruit des offices, le mouvement des assistants, la pompe des cérémonies, les chants sacrés, et, quand elles sont vides, devenues si tristes, si douloureuses, qu'elles serrent le cœur, qu'elles ont l'air d'une chambre de mourant, de la froide chambre de pierre où le Crucifié agonise encore.

Sans cesse, des Arabes entrent, des humbles, des riches, le portefaix du port et l'ancien chef, le noble sous la blancheur soyeuse de son burnous éclatant. Tous, pieds nus, font les mêmes gestes, prient le même Dieu avec la même foi exaltée et simple, sans pose et sans distraction. Ils se tiennent d'abord debout, la face levée, les mains ouvertes à la hauteur des épaules, dans l'attitude de la supplication. Puis les bras tombent le long du corps, la tête s'incline; ils sont devant le souverain du monde dans l'attitude de la résignation. Les mains ensuite s'unissent sur le ventre, comme si elles étaient liées. Ce sont des captifs sous la volonté du maître. Enfin ils se prosternent plusieurs fois de suite, très vite, sans aucun bruit. Après s'être assis d'abord sur leurs talons, les mains ouvertes sur les cuisses, ils se penchent en avant jusqu'à toucher le sol avec le front.

Cette prière, toujours la même, et qui commence par la récitation des premiers versets du Coran, doit être répétée cinq fois par jour par les fidèles, qui, avant d'entrer, se sont lavé les pieds, les mains et la face.

On n'entend, par le temple muet, que le clapotement de l'eau coulant dans une autre cour intérieure, qui donne du jour à la mosquée. L'ombre du figuier, poussé au-dessus de la fontaine aux ablutions, jette un reflet vert sur les premières nattes.

Les femmes musulmanes peuvent entrer comme

les hommes, mais elles ne viennent presque jamais. Dieu est trop loin, trop haut, trop imposant pour elles. On n'oserait pas lui raconter tous les soucis, lui confier toutes les peines, lui demander tous les menus services, les menues consolations, les menus secours contre la famille, contre le mari, contre les enfants, dont ont besoin les cœurs de femme. Il faut un intermédiaire plus humble entre lui si grand et elles si petites.

Cet intermédiaire, c'est le marabout. Dans la religion catholique, n'avons-nous pas les saints et la Vierge Marie, avocats naturels des timides auprès de Dieu?

C'est donc au tombeau du saint, dans la petite chapelle où il est enseveli, que nous trouverons la femme arabe en prière.

Allons l'y voir.

La zaouia Abd-er-Rahman-el-Tcalbi est la plus originale et la plus intéressante d'Alger. On nomme « zaouia » une petite mosquée unie à une koubba (tombeau d'un marabout), et comprenant aussi parfois une école et un cours de haut enseignement pour les musulmans lettrés.

Pour atteindre la zaouia d'Abd-er-Rahman, il faut traverser la ville arabe. C'est une montée inimaginable à travers un labyrinthe de ruelles, emmêlées, tortueuses, entre les murs sans fenêtres des maisons mauresques. Elles se touchent presque à leur sommet, et le ciel, aperçu entre les terrasses, semble une arabesque bleue d'une irrégulière et bizarre fantaisie. Quelquefois, un long couloir sinueux et voûté, escarpé comme un sentier de montagne, paraît conduire directement dans l'azur dont on aperçoit soudain, au détour d'un mur, au bout des marches, là-haut, la tache éclatante, pleine de lumière.

Tout le long de ces étroits corridors sont accroupis, au pied des maisons, des Arabes qui sommeillent en leurs loques; d'autres, entassés dans les cafés maures, sur des banquettes circulaires ou par terre, toujours immobiles, boivent en de petites tasses de faïence qu'ils tiennent gravement entre leurs doigts. En ces rues étroites qu'il faut escalader, le soleil, tombant par surprises, par filets ou par grandes plaques à chaque cassure des voies entre-croisées, jette sur les murs des dessins inattendus, d'une clarté aveuglante et vernie. On aperçoit, par les portes entr'ouvertes, les cours intérieures qui soufflent de l'air frais. C'est toujours le même puits carré qu'enferme une colonnade supportant des galeries. Un bruit de musique douce et sauvage s'échappe parfois de ces demeures, dont on voit sortir aussi souvent, deux par deux, des femmes. Elles vous jettent, entre les voiles qui leur couvrent la face, un regard noir et triste, un regard de prisonnières, et passent.

Coiffées toutes comme on nous représente la Vierge Marie, d'une étoffe serrée sur le crâne, le torse enveloppé du haïk, les jambes cachées sous l'ample pantalon de toile ou de calicot, qui vient étreindre la cheville, elles marchent lentement, un peu gauches, hésitantes ; et on cherche à deviner leur figure sous le voile qui la dessine un peu en se collant sur les saillies. Les deux arcs bleuâtres des sourcils, joints par un trait d'antimoine, se prolongent, au loin, sur les tempes.

Soudain des voix m'appellent. Je me retourne, et par une porte ouverte j'aperçois, sur les murs, de grandes peintures inconvenantes comme on en retrouve à Pompéi. La liberté des mœurs, l'épanouissement, en pleine rue, d'une prostitution innombrable, joyeuse, naïvement hardie, révèlent tout de suite la différence profonde qui existe entre la pudeur européenne et l'inconscience orientale.

N'oublions pas qu'on a interdit dans ces mêmes rues, depuis peu d'années seulement, les représentations de Caragousse, sorte de Guignol obscène et monstrueux, dont les enfants regardaient de leurs grands yeux noirs, ignorants et corrompus, en riant et en applaudissant, les invraisemblables, ignobles et inénarrables exploits.

Par tout le haut de la ville arabe, entre les merceries, les épiceries et les fruiteries des incorruptibles Mozabites, puritains mahométans que souille le seul contact des autres hommes, et qui subiront, en rentrant dans leur patrie, une longue purification, s'ouvrent tout grands des débits de chair humaine, où l'on est appelé dans toutes les langues. Le Mozabite, accroupi dans sa petite boutique, au milieu de ses marchandises bien rangées autour de lui, semble ne pas voir, ne pas savoir, ne pas comprendre.

A sa droite, les femmes espagnoles roucoulent comme des tourterelles; à sa gauche les femmes arabes miaulent comme des chattes. Il a l'air, au milieu d'elles, entre les nudités impudiques peintes pour achalander les deux bouges, d'un fakir, vendeur de fruits, hypnotisé dans un rêve.

Je tourne à droite par un tout petit passage qui semble tomber dans la mer, étalée au loin, derrière la pointe de Saint-Eugène, et j'aperçois, au bout de ce tunnel, à quelques mètres sous moi, un bijou de mosquée, ou plutôt une toute mignonne zaouia qui s'égrène par petits bâtiments et par petits tombeaux carrés, ronds et pointus, le long d'un escalier allant en zigzags de terrasse en terrasse.

L'entrée en est masquée par un mur qu'on dirait bâti en neige argentée, encadré de carrelages en faïence verte, et percé d'ouvertures régulières par où l'on voit la rade d'Alger.

J'entre. Des mendiants, des vieillards, des enfants, des femmes, sont accroupis, sur chaque marche, la main tendue, et demandent l'aumône en arabe. A droite, dans une petite construction couronnée aussi de faïences, est une première sépulture, et l'on aperçoit, par la porte ouverte, des fidèles, assis devant le tombeau. Plus bas s'arrondit le dôme éclatant de la koubba du marabout Abd-er-Rahman, à côté du minaret mince et carré d'où l'on appelle à la prière.

Voici, tout le long de la descente, d'autres tombes plus humbles, puis celle du célèbre Ahmed, bey de Constantine, qui fit dévorer par des chiens le ventre des prisonniers français.

De la dernière terrasse à l'entrée du marabout, la vue est délicieuse. Notre-Dame d'Afrique, au loin, domine Saint-Eugène et toute la mer, qui s'en va jusqu'à l'horizon, où elle se mêle au ciel. Puis, plus près, à droite, c'est la ville arabe, montant, de toit en toit, jusqu'à la zaouia et étageant encore, au-dessus, ses petites maisons de craie. Autour de moi, des tombes, un cyprès, un figuier, et des ornements mauresques encadrant et crénelant tous les murs sacrés.

Après m'être déchaussé, je pénètre dans la koubba. D'abord, dans une pièce étroite, un savant musulman, assis sur ses talons, lit un manuscrit qu'il tient de ses deux mains, à la hauteur des yeux Des livres, des parchemins sont étalées autour de lui sur les nattes. Il ne tourne pas la tête.

Plus loin, j'entends un frémissement, un chuchotement. A mon approche, toutes les femmes accroupies autour du tombeau se couvrent la figure avec vivacité. Elles ont l'air de gros flocons de linge blanc où brillent des yeux. Au milieu d'elles, dans cette écume de flanelle, de soie, de laine et de toile, des enfants dorment ou s'agitent, vêtus de rouge, de bleu, de vert : c'est charmant et naïf. Elles sont chez elles, chez leur saint, dont elles ont paré la demeure, — car Dieu est trop loin pour leur esprit borné, trop grand pour leur humilité.

Elles ne se tournent pas vers la Mecque, elles, mais vers le corps du marabout, et elles se mettent sous sa protection directe, qui est encore, qui est toujours la protection de l'homme. Leurs yeux de femmes, leurs yeux doux et tristes, soulignés par deux bandeaux blancs, ne savent pas pas voir l'immatériel, ne connaissent que la créature. C'est le mâle qui, vivant, les nourrit, les défend, les soutient; c'est encore le mâle qui parlera d'elles à Dieu, après sa mort. Elles sont là tout près de la tombe parée et peinturlurée, un peu semblable à un lit breton mis en couleur et couvert d'étoffes, de soieries, de drapeaux, de cadeaux apportés.

Elles chuchotent, elles causent entre elles, et racontent au marabout leurs affaires, leurs soucis, leurs disputes, les griefs contre le mari. C'est une réunion intime et familière de bavardages autour d'une relique.

Toute la chapelle est pleine de leurs dons bizarres : de pendules de toutes grandeurs qui marchent, battent les secondes et sonnent les heures, de bannières votives, de lustres de toute sorte, en cuivre et en cristal. Ces lustres sont si nombreux qu'on ne voit plus le plafond. Ils pendent côte à côte, de tailles différentes comme dans la boutique d'un lampiste. Les murs sont décorés de faïences élégantes d'un dessin charmant, dont les couleurs dominantes sont toujours le vert et le rouge. Le sol est couvert de tapis, et le jour tombe de la coupole par des groupes de trois fenêtres cintrées, dont une domine les deux autres.

Ce n'est plus la mosquée sévère, nue, où Dieu est seul ; c'est un boudoir, orné pour la prière par le goût enfantin de femmes sauvages. Souvent des galants viennent les voir en ce lieu, leur donner un rendez-vous, leur dire quelques mots en secret. Des Européens, qui parlent l'arabe, nouent ici, parfois, des relations avec ces créatures enveloppées et lentes, dont on ne voit que le regard.

Lorsque la confrérie masculine du marabout vient à son tour faire ses dévotions, elle n'a point pour le saint habitant du lieu les mêmes attentions exclusives. Après avoir témoigné leur respect au sépulcre, les hommes se tournent vers la

Mecque et adorent Dieu, — car il n'y a de divinité que Dieu, — comme ils répètent en toutes leurs prières.

II

TUNIS

Le chemin de fer avant d'arriver à Tunis traverse un superbe pays de montagnes boisées. Après s'être élevé, en dessinant les lacets démesurés, jusqu'à une altitude de sept cent quatre-vingts mètres, d'où on domine un immense et magnifique paysage, il pénètre dans la Tunisie par la Kroumirie.

C'est alors une suite de monts et de vallées désertes, où jadis s'élevaient des villes romaines. Voici d'abord les restes de Thagaste où naquit saint Augustin, dont le père était décurion.

Plus loin c'est Thubursicum Numidarum, dont les ruines couvrent une suite de collines rondes et verdoyantes. Plus loin encore, c'est Madaure, où naquit Apulée à la fin du règne de Trajan. On ne pourrait guère énumérer les cités mortes, près desquelles on va passer jusqu'à Tunis.

Tout à coup, après de longues heures de route, on aperçoit dans la plaine basse les hautes arches d'un aqueduc à moitié détruit, coupé par places, et qui allait, jadis, d'une montagne à l'autre. C'est l'aqueduc de Carthage dont parle Flaubert dans *Salammbô*. Puis, on côtoie un beau village, on suit un lac éblouissant, et on découvre les murs de Tunis.

Nous voici dans la ville.

Pour en bien découvrir l'ensemble, il faut monter sur une colline voisine. Les Arabes comparent Tunis à un burnous étendu ; et cette comparaison est juste. La ville s'étale dans la plaine, soulevée légèrement par les ondulations de la terre, qui font saillir par places les bords de cette grande tache de maisons pâles d'où surgissent les dômes des mosquées et les clochers des minarets. A peine distingue-t-on, à peine imagine-t-on que ce sont là des maisons, tant cette plaque blanche est compacte, continue et rampante. Autour d'elle, trois lacs qui, sous le dur soleil d'Orient, brillent comme des plaines d'acier. Au nord, au loin, la Sebkra-er-Bouan; à l'ouest, la Sebkra-Seldjoum, aperçue par-dessus la ville; au sud, le grand lac Bahira ou lac de Tunis; puis, en remontant vers le nord, la mer, le golfe profond, pareil lui-même à un lac dans son cadre éloigné de montagnes.

Et puis partout autour de cette ville plate, des marécages fangeux où fermentent des ordures, une inimaginable ceinture de cloaques en putréfaction, des champs nus et bas où l'on voit briller, comme des couleuvres, de minces cours d'eau tortueux. Ce sont les égouts de Tunis qui s'écoulent sous le ciel bleu. Ils vont sans arrêt, empoisonnant l'air, traînant leur flot lent et nauséabond, à travers des terres imprégnées de pourritures, vers le lac qu'ils ont fini par emplir, par combler sur toute son étendue, car la sonde y descend dans la fange jusqu'à dix-huit mètres de profondeur : on doit entretenir un chenal à travers cette boue afin que les petits bateaux y puissent passer.

Mais, par un jour de plein soleil, la vue de cette ville couchée entre ces lacs, dans ce grand pays que ferment au loin des montagnes dont la plus haute, le Zagh'ouan, apparaît presque toujours coiffée d'une nuée en hiver, est la plus saisissante et la plus attachante, peut-être, qu'on puisse trouver sur le bord du continent africain.

Descendons de notre colline et pénétrons dans

la cité. Elle a trois parties bien distinctes : la partie française, la partie arabe, et la partie juive.

En vérité, Tunis n'est ni une ville française, ni une ville arabe, c'est une ville juive. C'est un des rares points du monde où le juif semble chez lui comme dans une patrie, où il est le maître presque ostensiblement, où il montre une assurance tranquille, bien qu'un peu tremblante encore.

C'est lui surtout qui est intéressant à voir, à observer dans ce labyrinthe de ruelles étroites où circule, s'agite, pullule la population la plus colorée, bigarrée, drapée, pavoisée, miroitante, soyeuse et décorative, de tout ce rivage oriental.

Où sommes-nous ? sur une terre arabe ou dans la capitale éblouissante d'Arlequin, d'un Arlequin très artiste, ami des peintres, coloriste inimitable qui s'est amusé à costumer son peuple avec une fantaisie étourdissante. Il a dû passer par Londres, par Paris, par Saint-Pétersbourg, ce costumier divin qui, revenu plein de dédain des pays du Nord, bariola ses sujets avec un goût sans défaillances et une imagination sans limites. Non seulement il voulut donner à leurs vêtements des formes gracieuses, originales et gaies, mais il employa, pour les nuancer, toutes les teintes créées, composées, rêvées par les plus délicats aquarellistes.

Aux juifs seuls il toléra les tons violents, mais en leur interdisant les rencontres trop brutales et en réglant l'éclat de leurs costumes avec une hardiesse prudente. Quant aux Maures, ses préférés, tranquilles marchands accroupis dans les souks, jeunes gens alertes ou gros bourgeois allant à pas lents par les petites rues, il s'amusa à les vêtir avec une telle variété de coloris, que l'œil, à les voir, se grise comme une grive avec des raisins. Oh! pour ceux-là, pour ses bons Orientaux, ses Levantins métis de Turcs et d'Arabes, il a fait une collection de nuances si fines, si douces, si calmées, si tendres, si pâlies, si agonisantes et si harmonieuses, qu'une promenade au milieu d'elles est une longue caresse pour le regard.

Voici des burnous de cachemire ondoyants comme des flots de clarté, puis des haillons superbes de misère, à côté des gebbas de soie, longues tuniques tombant aux genoux, et de tendres gilets appliqués au corps sous les vestes à petits boutons égrenés le long des bords.

Et ces gebbas, ces vestes, ces gilets, ces haïks,

croisent, mêlent et superposent les plus fines colorations. Tout cela est rose, azuré, mauve, vert d'eau, bleu-pervenche, feuille-morte, chair-de-saumon, orangé, lilas-fané, lie-de-vin, gris-ardoise.

C'est un défilé de féerie, depuis les teintes les plus évanouies jusqu'aux accents les plus ardents, ceux-ci noyés dans un tel courant de notes discrètes que rien n'est dur, rien n'est criard, rien n'est violent le long des rues, ces couloirs de lumière, qui tournent sans fin, serrés entre les maisons basses, peintes à la chaux.

A tout instant, ces étroits passages sont obstrués presque entièrement par des créatures obèses, dont les flancs et les épaules semblent toucher les deux murs à chaque balancement de leur marche. Sur leur tête se dresse une coiffe pointue, souvent argentée ou dorée, sorte de bonnet de magicienne d'où tombe par derrière, une écharpe. Sur leur corps monstrueux, masse de chair houleuse et ballonnée, flottent des blouses de couleurs vives. Leurs cuisses informes sont emprisonnées en des caleçons blancs collés à la peau. Leurs mollets et leurs chevilles empâtées par la graisse gonflent des bas, ou bien, quand elles sont en toilette, des espèces de gaines en drap d'or et d'argent. Elles vont, à petits pas pesants, sur des escarpins qui traînent; car elles ne sont chaussées qu'à la moitié du pied; et les talons frôlent et battent le pavé. Ces créatures étranges et bouffies, ce sont les juives, les belles juives!

Dès qu'approche l'âge du mariage, l'âge où les hommes riches les recherchent, les fillettes d'Israël rêvent d'engraisser; car plus une femme est lourde, plus elle fait honneur à un mari et plus elle a de chances de le choisir à son gré. A quatorze ans, à quinze ans, elles sont, ces gamines sveltes et légères, des merveilles de beauté, de finesse et de grâce.

Leur teint pâle, un peu maladif, d'une délicatesse lumineuse, leurs traits fins, ces traits si doux d'une race ancienne et fatiguée, dont le sang jamais ne fut rajeuni, leurs yeux sombres sous les fronts clairs, qu'écrase la masse noire, épaisse, pesante, des cheveux ébouriffés, et leur allure souple quand elles courent d'une porte à l'autre, emplissent le quartier juif de Tunis d'une longue vision de petites Salomés troublantes.

Puis elles songent à l'époux. Alors commence l'inconcevable gavage qui fera d'elles des monstres. Immobiles maintenant, après avoir pris chaque matin la boulette d'herbes apéritives qui surexcitent l'estomac, elles passent les journées entières à manger des pâtes épaisses qui les enflent incroyablement. Les seins se gonflent, les ventres ballonnent, les croupes s'arrondissent, les cuisses s'écartent, séparées par la bouffissure; les poignets et les chevilles disparaissent sous une lourde coulée de chair. Et les amateurs accourent, les jugent, les comparent, les admirent comme dans un concours d'animaux gras. Voilà comme elles sont belles, désirables, charmantes, les énormes filles à marier!

Alors on voit passer ces êtres prodigieux, coiffés d'un cône aigu nommé *koufia,* qui laisse pendre sur le dos le *bechkir,* vêtus de la *camiza* flottante, en toile simple ou en soie éclatante, culottés de maillots tantôt blancs, tantôt richement ouvragés, et chaussés de savates traînantes, dites « saba »; êtres inexprimablement surprenants, dont la figure demeure encore souvent jolie sur ces corps d'hippopotames.

Dans leurs maisons, facilement ouvertes, on les trouve, le samedi, jour sacré, jour de visites et d'apparat, recevant leurs amies dans les chambres blanches, où elles sont assises, les unes près des autres, comme des idoles symboliques, couvertes de soieries et d'oripeaux luisants, déesses de chair et de métal, qui ont des guêtres d'or aux jambes et, sur la tête, une corne d'or!

La fortune de Tunis est dans leurs mains, ou plutôt dans les mains de leurs époux toujours souriants, accueillants et prêts à offrir leurs services. Dans bien peu d'années, sans doute, devenues des dames européennes, elles s'habilleront à la française et, pour obéir à la mode, jeûneront, afin de maigrir. Ce sera tant mieux pour elles et tant pis pour nous, les spectateurs.

Dans la ville arabe, la partie la plus intéressante est le quartier des Souks, longues rues voûtées ou toiturées de planches, à travers lesquelles le soleil glisse des lames de feu, qui semblent couper au passage les promeneurs et les marchands. Ce sont les bazars, galeries tortueuses et entre-croisées où les vendeurs, par corporations, assis ou accroupis au milieu de leurs marchandises en de petites boutiques couvertes, appellent avec énergie le client ou demeurent immobiles dans ces niches de tapis, d'étoffes de toutes couleurs, de cuirs, de brides, de selles, de harnais brodés d'or, ou dans les chapelets jaunes et rouges des babouches.

Chaque corporation a sa rue, et l'on voit, tout

le long de la galerie, séparés par une simple cloison, tous les ouvriers du même métier travailler avec les mêmes gestes. L'animation, la couleur, la gaieté de ces marchés orientaux ne sont point possibles à décrire, car il faudrait en exprimer en même temps l'éblouissement, le bruit et le mouvement.

Un de ces souks a un caractère si bizarre, que le souvenir en reste extravagant et persistant comme celui d'un songe. C'est le souk des parfums.

En d'étroites cases pareilles, si étroites qu'elles font penser aux cellules d'une ruche, alignées d'un bout à l'autre et sur les deux côtés d'une galerie un peu sombre, des hommes au teint transparent, presque tous jeunes, couverts de vêtements clairs, et assis comme des bouddhas, gardent une rigidité saisissante dans un cadre de longs cierges suspendus, formant autour de leur tête et de leurs épaules un dessin mystique et régulier.

Les cierges d'en haut, plus courts, s'arrondissent sur le turban; d'autres, plus longs, viennent aux épaules; les grands tombent le long des bras. Et, cependant, la forme symétrique de cette étrange décoration varie un peu de boutique en boutique. Les vendeurs, pâles, sans gestes, sans paroles, semblent eux-mêmes des hommes de cire en une chapelle de cire. Autour de leurs genoux, de leurs pieds, à la portée des mains si un acheteur se présente, tous les parfums imaginables sont enfermés en de toutes petites boîtes, en de toutes petites fioles, en de tous petits sacs.

Une odeur d'encens et d'aromates flotte, un peu étourdissante, d'un bout à l'autre du souk.

Quelques-uns de ces extraits sont vendus très cher, par gouttes. Pour les compter, l'homme se sert d'un petit coton qu'il tire de son oreille et y replace ensuite.

Quand le soir vient, tout le quartier des souks est clos par de lourdes portes à l'entrée des galeries, comme une ville précieuse enfermée dans l'autre.

Lorsqu'on se promène au contraire par les rues neuves qui vont aboutir, dans le marais, à quelque courant d'égout, on entend soudain une sorte de chant bizarre rythmé par des bruits sourds comme des coups de canon lointains, qui s'interrompent quelques instants pour recommencer aussitôt. On regarde autour de soi et on découvre, au ras de terre, une dizaine de têtes de nègres, enveloppées de foulards, de mouchoirs, de turbans, de loques. Ces têtes chantent un refrain arabe, tandis que les mains, armées de dames pour tasser le sol, tapent en cadence, au fond d'une tranchée, sur les cailloux et le mortier qui feront des fondations solides à quelque nouvelle maison bâtie dans ce sol huileux de fanges.

Sur le bord du trou, un vieux nègre, chef d'escouade de ces pileurs de pierres, bat la mesure, avec un rire de singe; et tous les autres aussi rient en continuant leur bizarre chanson que scandent des coups énergiques. Ils tapent avec ardeur et rient avec malice devant les passants qui s'arrêtent; et les passants aussi s'égayent, les Arabes parce qu'ils comprennent, les autres parce que le spectacle est drôle; mais personne assurément ne s'amuse autant que les nègres, car le vieux crie :

— Allons! frappons!

Et tous reprennent en montrant leurs dents, et en donnant trois coups de pilon :

— Sur la tête du chien de roumi!

Le nègre clame en mimant le geste d'écraser :

— Allons! frappons!

Et tous :

— Sur la tête du chien de youte !

Et c'est ainsi que s'élève la ville européenne dans le quartier neuf de Tunis!

Ce quartier neuf! Quand on songe qu'il est entièrement construit sur des vases peu à peu solidifiées, construit sur une matière innomable, faite de toutes les matières immondes que rejette une ville, on se demande comment la population n'est pas décimée par toutes les maladies imaginables, toutes les fièvres, toutes les épidémies. Et, en regardant le lac, que les mêmes écoulements urbains envahissent et comblent peu à peu, le lac, dépotoir nauséabond, dont les émanations sont telles que, par les nuits chaudes, on a le cœur soulevé de dégoût, on ne comprend même pas que la ville ancienne, accroupie près de ce cloaque, subsiste encore.

On songe aux fiévreux aperçus dans certains villages de Sicile, de Corse ou d'Italie, à la population difforme, monstrueuse, ventrue et tremblante, empoisonnée par des ruisseaux clairs et de beaux étangs limpides, et on demeure convaincu que Tunis doit être un foyer d'infections pestilentielles.

Eh bien, non! Tunis est une ville saine, très saine! L'air infect qu'on y respire est vivifiant et calmant, le plus apaisant, le plus doux aux nerfs surexcités que j'aie jamais respiré. Après le département des Landes, le plus sain de France,

Tunis est l'endroit où sévissent le moins toutes les maladies ordinaires de nos pays.

Cela paraît invraisemblable, mais cela est. O médecins modernes, oracles grotesques, professeurs d'hygiène, qui envoyez vos malades respirer l'air pur des sommets ou l'air vivifié par la verdure des grands bois, venez voir ces fumiers qui baignent Tunis; regardez ensuite cette terre que pas un arbre n'abrite et ne rafraîchit de son ombre; demeurez un an dans ce pays, plaine basse et torride sous le soleil d'été, marécage immense sous les pluies d'hiver, puis entrez dans les hôpitaux. Ils sont vides!

Questionnez les statistiques, vous apprendrez qu'on y meurt de ce qu'on appelle, peut-être à tort, sa belle mort beaucoup plus souvent que de vos maladies. Alors vous vous demanderez peut-être si ce n'est pas la science moderne qui nous empoisonne avec ses progrès; si les égouts dans nos caves et les fosses voisinant avec notre vin et notre eau ne sont pas des distillateurs de mort à domicile, des foyers et des propagateurs d'épidémies plus actifs que les ruisselets d'immondices qui se promènent en plein soleil autour de Tunis; vous reconnaîtrez que l'air pur des montagnes est moins calmant que le souffle bacillifère des fumiers de ville ici et que l'humidité des forêts est plus redoutable à la santé et plus engendreuse de fièvres que l'humidité des marais putréfiés à cent lieues du plus petit bois.

En réalité, la salubrité indiscutable de Tunis est stupéfiante et ne peut être attribuée qu'à la pureté parfaite de l'eau qu'on boit dans cette ville, ce qui donne absolument raison aux théories les plus modernes sur le mode de propagation des germes morbides.

L'eau du Zagh'ouan, en effet, captée sous terre à quatre-vingts kilomètres environ de Tunis, parvient dans les maisons, sans avoir eu avec l'air le moindre contact et sans avoir pu recueillir, par conséquent, aucune graine de contagion.

L'étonnement qu'éveillait en moi l'affirmation de cette salubrité me fit chercher les moyens de visiter un hôpital, et le médecin maure qui dirige le plus important de Tunis voulut bien me faire pénétrer dans le sien.

Or, dès que fut ouverte la grande porte donnant sur une vaste cour arabe, dominée par une galerie à colonnes qu'abrite une terrasse, ma surprise et mon émotion furent tels que je ne songeai plus guère à ce qui m'avait fait entrer là.

Autour de moi, sur les quatre côtés de la cour,

d'étroites cellules, grillées comme des cachots, enfermaient des hommes qui se levèrent en nous voyant et vinrent coller entre les barreaux de fer des faces creuses et livides. Puis un d'eux, passant sa main et l'agitant hors de cette cage, cria quelque injure. Alors les autres, sautillant soudain comme les bêtes des ménageries, se mirent à vociférer, tandis que, sur la galerie du premier étage, un Arabe à grande barbe, coiffé d'un épais turban, le cou cerclé de colliers de cuivre, laissait pendre avec nonchalance sur la balustrade un bras couvert de bracelets et des doigts chargés de bagues. Il souriait en écoutant ce bruit. C'est un fou, libre et tranquille, qui se croit le roi des rois et qui règne paisiblement sur les foux furieux enfermés en bas.

Je voulus passer en revue ces déments effrayants et admirables en leur costume oriental, plus curieux et moins émouvants peut-être, à force d'être étranges, que nos pauvres fous d'Europe.

Dans la cellule du premier, on me permit de pénétrer. Comme la plupart de ses compagnons, c'est le haschich ou plutôt le kif qui l'a mis en cet état. Il est tout jeune, fort pâle, fort maigre, et me parle en me regardant avec des yeux fixes, troubles, énormes. Que dit-il ? Il me demande une pipe pour fumer et me raconte que son père l'attend.

De temps en temps, il se soulève, laissant voir sous sa gebba et son burnous des jambes grêles d'araignée humaine; et le nègre, son gardien, un géant luisant aux yeux blancs, le rejette chaque fois sur sa natte d'une seule pesée sur l'épaule, qui semble écraser le faible halluciné.

Son voisin est une sorte de monstre jaune et grimaçant, un Espagnol de Ribera, accroupi et cramponné aux barreaux et qui demande aussi du tabac ou du kif, avec un rire continu qui a l'air d'une menace.

Ils sont deux dans la case suivante : encore un fumeur de chanvre, qui nous accueille avec des gestes frénétiques, grand Arabe aux membres vigoureux, tandis que, assis sur ses talons, son voisin, immobile, fixe sur nous des yeux transparents de chat sauvage. Il est d'une beauté rare cet homme, dont la barbe noire, courte et frisée, rend le teint livide et superbe. Le nez est fin, la figure longue, élégante, d'une distinction parfaite C'est un Mozabite, devenu fou après avoir trouvé mort son jeune fils, qu'il cherchait depuis deux jours.

Puis en voici un vieux qui rit et nous crie, en dansant comme un ours :

— Fous, fous, nous sommes tous fous, moi, toi, le médecin, le gardien, le bey, tous, tous fous!

C'est en arabe qu'il hurle cela; mais on comprend, tant sa mimique est effroyable, tant l'affirmation de son doigt tendu vers nous est irrésistible. Il nous désigne l'un après l'autre, et rit, car il est sûr que nous sommes fous, lui, ce fou, et il répète :

— Oui, oui, toi, toi, toi, tu es fou !

Et on croit sentir pénétrer en son âme un souffle de déraison, une émanation contagieuse et terrifiante de ce dément malfaisant.

Et on s'en va, et on lève les yeux vers le grand carré bleu du ciel qui plane sur ce trou de damnés. Alors apparaît, souriant toujours, calme et beau comme un roi mage, le seigneur de tous ces fous, l'Arabe à longue barbe, penché sur la galerie, et qui laisse briller au soleil les mille objets de cuivre, de fer et de bronze, clefs, anneaux et pointes, dont il pare avec orgueil sa royauté imaginaire.

Depuis quinze ans, il est ici, ce sage, errant à pas lents, d'une allure majestueuse et calme, si majestueuse, en effet, qu'on le salue avec respect. Il répond, d'une voix de souverain, quelques mots qui signifient : « Soyez les bienvenus ; je suis heureux de vous voir. » Puis il cesse de nous regarder.

Depuis quinze ans, cet homme ne s'est point couché. Il dort assis sur une marche, au milieu de l'escalier de pierre de l'hôpital. On ne l'a jamais vu s'étendre.

Que m'importent, à présent, les autres malades, si peu nombreux, d'ailleurs, qu'on les compte dans les grandes salles blanches, d'où l'on voit par les fenêtres s'étaler la ville éclatante, sur qui semblent bouillonner les dômes des koubbas et des mosquées.

Je m'en vais troublé d'une émotion confuse, plein de pitié, peut-être d'envie, pour quelques-uns de ces hallucinés, qui continuent dans cette prison, ignorée d'eux, le rêve trouvé, un jour, au fond de la petite pipe bourrée de quelques feuilles jaunes.

Le soir de ce même jour un fonctionnaire français, armé d'un pouvoir spécial, m'offrit de me faire pénétrer dans quelques mauvais lieux de plaisir arabes, ce qui est fort difficile aux étrangers.

Nous dûmes d'ailleurs être accompagnés par un agent de la police beylicale, sans quoi aucune porte, même celle des plus vils bouges indigènes, ne se serait ouverte devant nous.

La ville arabe d'Alger est pleine d'agitation nocturne. Dès que le soir vient, Tunis est mort. Les petites rues étroites, tortueuses, inégales, semblent des couloirs d'une cité abandonnée, dont on a oublié d'éteindre le gaz, par places.

Nous voici très loin, dans ce labyrinthe de murs blancs; et on nous fit entrer chez des juives qui dansaient la « danse du ventre ». Cette danse est laide, disgracieuse, curieuse seulement pour les amateurs par la maestria de l'artiste. Trois sœurs, trois filles très parées, faisaient leurs contorsions impures, sous l'œil bienveillant de leur mère, une énorme petite boule de graisse vivante coiffée d'un cornet de papier doré et mendiant pour les frais généraux de la maison, après chaque crise de trépidation des ventres de ses enfants. Autour du salon trois portes entre-bâillées montraient les couches basses de trois chambres. J'ouvris une quatrième porte et je vis, dans un lit, une femme couchée qui me parut belle. On se précipita sur moi, mère, danseuses, deux domestiques nègres et un homme inaperçu qui regardait, derrière un rideau, s'agiter pour nous le flanc de ses sœurs. J'allais entrer dans la chambre de sa femme légitime qui était enceinte, de la belle-fille, de la belle-sœur des drôlesses qui tentaient, mais en vain, de nous mêler, ne fût-ce qu'un soir, à la famille. Pour me faire pardonner cette défense d'entrer, on me montra le premier enfant de cette dame, une petite fille de trois ou quatre ans, qui esquissait déjà la « danse du ventre ».

Je m'en allai fort dégoûté.

Avec des précautions infinies on me fit pénétrer ensuite dans le logis de grandes courtisanes arabes. Il fallut veiller au bout des rues, parlementer, menacer, car si les indigènes savaient que le roumi est entré chez elles, elles seraient abandonnées, honnies, ruinées. Je vis là de grosses filles brunes, médiocrement belles, en des taudis pleins d'armoires à glace.

Nous songions à regagner l'hôtel quand l'agent de police indigène nous proposa de nous conduire tout simplement dans un bouge, dans un lieu d'amour dont il ferait ouvrir la porte d'autorité.

Et nous voici encore le suivant à tâtons dans des ruelles noires inoubliables, allumant des allumettes pour ne pas tomber, trébuchant tout de même en des trous, heurtant les maisons de la main et de l'épaule et entendant parfois des voix, des bruits de musique, des rumeurs de fête sauvage sortir des murs, étouffés, comme lointains, effrayants d'assourdissement et de mystère. Nous sommes en plein dans le quartier de la débauche.

Devant une porte on s'arrête ; nous nous dissimulons à droite et à gauche tandis que l'agent frappe à coups de poing en criant une phrase arabe, un ordre.

Une voix, faible, une voix de vieille répond derrière la planche ; et nous percevons maintenant des sons d'instruments et des chants criards de femmes arabes dans les profondeurs de ce repaire.

On ne veut pas ouvrir. L'agent se fâche, et de sa gorge sortent des paroles précipitées, rauques et violentes. A la fin, la porte s'entre-bâille, l'homme la pousse, entre comme en une ville conquise, et d'un beau geste vainqueur semble nous dire : « Suivez-moi. »

Nous le suivons, en descendant trois marches qui nous mènent en une pièce basse, où dorment, le long des murs, sur des tapis, quatre enfants arabes, les petits de la maison. Une vieille, une de ces vieilles indigènes qui sont des paquets de loques jaunes nouées autour de quelque chose qui remue, et d'où sort une tête invraisemblable et tatouée de sorcière, essaye encore de nous empêcher d'avancer. Mais la porte est refermée, nous entrons dans une première salle où quelques hommes sont debout qui n'ont pu pénétrer dans la seconde dont ils obstruent l'ouverture en écoutant d'un air recueilli l'étrange et aigre musique qu'on fait là dedans. L'agent pénètre le premier, fait écarter les habitués et nous atteignons une chambre étroite, allongée, où des tas d'Arabes sont accroupis sur des planches, le long des deux murs blancs, jusqu'au fond.

Là, sur un grand lit français qui tient toute la largeur de la pièce, une pyramide d'autres Arabes s'étage, invraisemblablement empilés et mêlés, un amas de burnous d'où émergent cinq têtes à turban.

Devant eux, au pied du lit, sur une banquette nous faisant face, derrière un guéridon d'acajou chargé de verres, de bouteilles de bière, de tasses à café et de petites cuillers d'étain, quatre femmes assises chantent une interminable et traînante mélodie du Sud, que quelques musiciens juifs accompagnent sur des instruments.

Elles sont parées comme pour une féerie,

comme les princesses des Mille et une Nuits, et une d'elles, âgée de quinze ans environ, est d'une beauté si surprenante, si parfaite, si rare, qu'elle illumine ce lieu bizarre, en fait quelque chose d'imprévu, de symbolique et d'inoubliable

Les cheveux sont retenus par une écharpe d'or qui coupe le front d'une tempe à l'autre. Sous cette barre droite et métallique s'ouvrent deux yeux énormes, au regard fixe, insensible, introuvable, deux yeux longs, noirs, éloignés, que sépare un nez d'idole tombant sur une petite bouche d'enfant, qui s'ouvre pour chanter et semble seule vivre en ce visage. C'est une figure sans nuances, d'une régularité imprévue, primitive et superbe, faite de lignes si simples qu'elles semblent les formes naturelles et uniques de ce visage humain.

En toute figure rencontrée, on pourrait, semble-t-il, remplacer un trait, un détail, par quelque chose pris sur une autre personne. Dans cette tête de jeune Arabe on ne pourrait rien changer, tant ce dessin en est typique et parfait. Ce front uni, ce nez, ces joues d'un modelé imperceptible qui vient mourir à la fine pointe du menton, en encadrant, dans un ovale irréprochable de chair un peu brune, les seuls yeux, le seul nez et la seule bouche qui puissent être là, sont l'idéal d'une conception de beauté absolue dont notre regard est ravi, mais dont notre rêve seul peut ne se pas sentir entièrement satisfait. A côté d'elle, une autre fillette, charmante aussi, point exceptionnelle, une de ces faces blanches, douces, dont la chair a l'air d'une pâte faite avec du lait. Encadrant ces deux étoiles, deux autres femmes sont assises, au type bestial, à la tête courte, aux pommettes saillantes, deux prostituées nomades, de ces êtres perdus que les tribus sèment en route, ramassent et reperdent, puis laissent un jour à la traîne de quelque troupe de spahis qui les emmène en ville.

Elles chantent en tapant sur la darbouka avec leurs mains rougies par le henné, et les musiciens juifs les accompagnent sur de petites guitares, des tambourins et des flûtes aiguës.

Tout le monde écoute, sans parler, sans jamais rire, avec une gravité auguste.

Où sommes-nous? Dans le temple de quelque religion barbare, ou dans une maison publique?

Dans une maison publique? Oui, nous sommes dans une maison publique, et rien au monde ne m'a donné une sensation plus imprévue, plus fraîche, plus colorée que l'entrée dans cette longue pièce basse, où ces filles, parées, dirait-on, pour un culte sacré, attendent le caprice d'un de ces hommes graves qui semblent murmurer le Coran jusqu'au milieu des débauches.

On m'en montre un, assis devant sa minuscule tasse de café, les yeux levés, plein de recueillement. C'est lui qui a retenu l'idole ; et presque tous les autres sont des invités. Il leur offre des rafraîchissements et de la musique, et la vue de cette belle fille jusqu'à l'heure où il les priera de rentrer chacun chez soi. Et ils s'en iront en le saluant avec des gestes majestueux. Il est beau, cet homme de goût, jeune, grand, avec une peau transparente d'Arabe des villes que rend plus claire la barbe noire, luisante, soyeuse et un peu rare sur les joues.

La musique cesse, nous applaudissons. On nous imite. Nous sommes assis sur des escabeaux, au milieu d'une pile d'hommes. Soudain une longue main noire me frappe sur l'épaule et une voix, une de ces voix étranges des indigènes essayant de parler français, me dit :

— Moi, pas d'ici, Français comme toi.

Je me retourne et je vois un géant en burnous, un des Arabes les plus hauts, les plus maigres, les plus osseux que j'aie jamais rencontrés.

— D'où es-tu donc? lui dis-je stupéfait.

— D'Algérie !

— Ah! je parie que tu es Kabyle?

— Oui, Moussi.

Il riait, enchanté que j'eusse deviné son origine, et me montrant son camarade :

— Lui aussi.

— Ah! bon.

C'était pendant une sorte d'entr'acte.

Les femmes, à qui personne ne parlait, ne remuaient pas plus que des statues, et je me mis à causer avec mes deux voisins d'Algérie, grâce au secours de l'agent de police indigène.

J'appris qu'ils étaient bergers, propriétaires aux environs de Bougie, et qu'ils portaient dans les replis de leurs burnous des flûtes de leur pays dont ils jouaient le soir, pour se distraire. Ils avaient envie sans doute qu'on admirât leur talent et ils me montrèrent deux minces roseaux percés de trous, deux vrais roseaux coupés par eux au bord d'une rivière.

Je priai qu'on les laissât jouer, et tout le monde aussitôt se tut avec une politesse parfaite.

Ah! la surprenante et délicieuse sensation qui se glissa dans mon cœur avec les premières notes si légères, si bizarres, si inconnues, si imprévues, des deux petites voix de ces deux petits tubes poussés dans l'eau. C'était fin, doux, haché, sautillant : des sons qui volaient, qui voletaient l'un après l'autre sans se rejoindre, sans se trouver, sans s'unir jamais ; un chant qui s'évanouissait toujours, qui recommençait toujours, qui passait, qui flottait autour de nous, comme un souffle de l'âme des feuilles, de l'âme des bois, de l'âme des ruisseaux, de l'âme du vent, entré avec ces deux grands bergers des montagnes kabyles dans cette maison publique d'un faubourg de Tunis.

VERS KAIROUAN

11 décembre.

Nous quittons Tunis par une belle route qui longe d'abord un coteau, suit un instant le lac, puis traverse une plaine. L'horizon large, fermé par des montagnes aux crêtes vaporeuses, est nu, tout nu, taché seulement de place en place par des villages blancs, où l'on aperçoit de loin, dominant la masse indistincte des maisons, les minarets pointus et les petits dômes des koubbas. Sur toute cette terre fanatique, nous les retrouvons sans cesse, ces petits dômes éclatants des koubbas, soit dans les plaines fertiles d'Algérie ou de Tunisie, soit comme un phare sur le dos arrondi des montagnes, soit au fond des forêts de cèdres ou de pins, soit au bord des ravins profonds dans les fourrés de lentisques et de chênes-liège, soit dans le désert jaune entre deux dattiers qui se penchent au-dessus, l'un à droite, l'autre à gauche, et laissent tomber sur la coupole de lait l'ombre légère et fine de leurs palmes.

Ils contiennent, comme une semence sacrée, les os des marabouts qui fécondent le sol illimité de l'Islam, y font germer, de Tanger à Tombouctou, du Caire à la Mecque, de Tunis à Constantinople, de Kharthoum à Java, la plus puissante, la plus mystérieusement dominatrice des religions qui ait dompté la conscience humaine.

Petits, ronds, isolés, et si blancs qu'ils jettent une clarté, ils ont bien l'air d'une graine divine jetée à poignée sur le monde par ce grand semeur de foi, Mohammed, frère d'Aïssa et de Moïse.

Pendant longtemps, nous allons, au grand trot des quatre chevaux attelés de front, par des plaines sans fin, plantées de vignes ou ensemencées de céréales qui commencent à sortir de terre.

Puis soudain la route, la belle route établie par les ponts et chaussées depuis le protectorat français, s'arrête net. Un pont a cédé aux dernières pluies, un pont trop petit, qui n'a pu laisser passer la masse d'eau venue de la montagne. Nous descendons à grand'peine dans le ravin, et la voiture, remontée de l'autre côté, reprend la belle route, une des principales artères de la Tunisie, comme on dit dans le langage officiel. Pendant quelques kilomètres, nous pouvons trotter encore, jusqu'à ce qu'on rencontre un autre petit pont qui a cédé également sous la pression des eaux. Puis, un peu plus loin, c'est au contraire le pont qui est resté, tout seul, indestructible, comme un minuscule arc de triomphe, tandis que la route, emportée des deux côtés, forme deux abîmes autour de cette ruine toute neuve.

Vers midi, nous apercevons devant nous une construction singulière. C'est, au bord de la route presque disparue déjà, un large pâté d'habitations soudées ensemble, à peine plus hautes que la taille d'un homme, abritées sous une suite continue de voûtes dont les unes, un peu plus élevées, dominent et donnent à ce singulier village l'aspect d'une agglomération de tombeaux. Là-dessus courent, hérissés, des chiens blancs qui aboient contre nous.

Ce hameau s'appelle Gorombalia et fut fondé

par un chef andalou mahométan, Mohammed Gorombali, chassé d'Espagne par Isabelle la Catholique.

Nous déjeunons en ce lieu, puis nous repartons. Partout, au loin, avec la lunette-jumelle, on aperçoit des ruines romaines. D'abord Vico Aureliano, puis Siago, plus important, où restent des constructions byzantines et arabes. Mais voilà que la belle route, la principale artère de la Tunisie, n'est plus qu'une ornière affreuse. Partout l'eau des pluies l'a trouée, minée, dévorée. Tantôt les ponts écroulés ne montrent plus qu'une masse de pierres dans un ravin, tantôt ils demeurent intacts, tandis que l'eau, les dédaignant, s'est frayé ailleurs une voie, ouvrant à travers le talus des ponts et chaussées des tranchées larges de 50 mètres.

Pourquoi donc ces dégâts, ces ruines? Un enfant, du premier coup d'œil, le saurait. Tous les ponceaux, trop étroits d'ailleurs, sont au-dessous du niveau des eaux dès qu'arrivent les pluies. Les uns donc, recouverts par le torrent, obstrués par les branches qu'il traîne, sont renversés, tandis que le courant capricieux refusant de se canaliser sous les suivants, qui ne sont point sur son cours ordinaire, reprend le chemin des autres années, en dépit des ingénieurs. Cette route de Tunis à Kairouan est stupéfiante à voir. Loin d'aider au passage des gens et des voitures, elle le rend impossible, crée des dangers sans nombre. On a détruit le vieux chemin arabe qui était bon, et on l'a remplacé par une série de fondrières, d'arches démolies, d'ornières et de trous. Tout est à refaire avant d'avoir été fini. On recommence à chaque pluie les travaux, sans vouloir avouer, sans consentir à comprendre qu'il faudra toujours recommencer ce chapelet de ponts croulants. Celui d'Enfidaville a été reconstruit deux fois. Il vient encore d'être emporté. Celui d'Oued-el-Hammam est détruit pour la quatrième fois. Ce sont des ponts nageurs, des ponts plongeurs, des ponts culbuteurs. Seuls, les vieux ponts arabes résistent à tout.

On commence par se fâcher, car la voiture doit descendre en des ravins presque infranchissables où dix fois par heure on croit verser, puis on finit par en rire, comme d'une incroyable cocasserie. Pour éviter ces ponts redoutables, il faut faire d'immenses détours, aller au nord, revenir au sud, tourner à l'est, repasser à l'ouest. Les pauvres indigènes ont dû, à coups de pioche, à coups de hache, à coups de serpe, se frayer un passage nouveau à travers le maquis de chênes verts, de thuyas, de lentisques, de bruyères et de pins d'Alep, l'ancien passage étant détruit par nous.

Bientôt les arbustes disparaissent, et nous ne voyons plus qu'une étendue onduleuse, crevassée par les ravines, où, de place en place, apparaissent, soit les os clairs d'une carcasse aux côtes soulevées, soit une charogne à moitié dévorée par les oiseaux de proie et les chiens. Pendant quinze mois, il n'est point tombé une goutte d'eau sur cette terre, et la moitié des bêtes y sont mortes de faim. Leurs cadavres restent semés partout, empoisonnent le vent, et donnent à ces plaines l'aspect d'un pays stérile, rongé par le soleil et ravagé par la peste. Seuls, les chiens sont gras, nourris de cette viande en putréfaction. Souvent, on en aperçoit deux ou trois acharnés sur la même pourriture. Les pattes raides, ils tirent sur la longue jambe d'un chameau ou sur la courte patte d'un bourriquet, ils dépècent le poitrail d'un cheval ou fouillent le ventre d'une vache. Et on en découvre au loin qui errent, en quête de charognes, le nez dans la brise, le poil épais, tendant leur museau pointu.

Et il est bizarre de songer que ce sol calciné depuis deux ans par un soleil implacable, noyé depuis un mois sous des pluies de déluge, sera, vers mars et avril, une prairie illimitée, avec des herbes montant aux épaules d'un homme, et d'innombrables fleurs comme nous n'en voyons guère en nos jardins. Chaque année, quand il pleut, la Tunisie entière passe, à quelques mois de distance, par la plus affreuse aridité et par la plus fougueuse fécondité. De Sahara sans un brin d'herbe elle devient tout à coup, presque en quelques jours, comme par un miracle, une Normandie follement verte, une Normandie ivre de chaleur, jetant en ces moissons de telles poussées de sève qu'elles sortent de terre, grandissent, jaunissent et mûrissent à vue d'œil.

Elle est cultivée, de place en place, d'une façon très singulière, par les Arabes.

Ils habitent, soit les villages clairs aperçus au loin, soit les gourbis, huttes de branchages, soit les tentes brunes et pointues cachées, comme d'énormes champignons, derrière des broussailles sèches ou des bois de cactus. Quand la dernière moisson a été abondante, ils se décident de bonne heure à préparer les labours; mais, quand la sécheresse les a presque affamés, ils attendent en général les premières pluies pour risquer leurs derniers grains ou pour emprunter au gouvernement la semence qu'il leur prête assez facilement. Or, dès que les lourdes ondées d'automne ont détrempé la contrée, ils vont trouver tantôt le caïd qui détient le territoire fertile, tantôt le nouveau propriétaire européen qui loue souvent plus cher, mais ne les vole pas, et leur rend dans leurs contestations une justice plus stricte, qui n'est point vénale, et ils désignent les terres choisies par eux, en marquent les limites, les prennent à bail pour une seule saison, puis se mettent à les cultiver.

Alors on voit un étonnant spectacle! Chaque fois que, quittant les régions pierreuses et arides, on arrive aux parties fécondes, apparaissent au loin les invraisemblables silhouettes des chameaux laboureurs attelés aux charrues. La haute bête fantastique traîne, de son pas lent, le maigre instrument de bois que pousse l'Arabe, vêtu d'une sorte de chemise. Bientôt ces groupes surprenants se multiplient, car on approche d'un centre recherché. Ils vont, viennent, se croisent par toute la plaine, y promenant l'inexprimable profil de l'animal, de l'instrument et de l'homme, qui semblent soudés ensemble, ne faire qu'un seul être apocalyptique et solennellement drôle.

Le chameau est remplacé de temps en temps par des vaches, par des ânes, quelquefois même par des femmes. J'en ai vu une accouplée avec un bourriquet et tirant autant que la bête, tandis que le mari poussait et excitait ce lamentable attelage.

Le sillon de l'Arabe n'est point ce beau sillon profond et droit du laboureur européen, mais une sorte de feston qui se promène capricieusement à fleur de terre autour des touffes de jujubiers. Jamais ce nonchalant cultivateur ne s'arrête ou ne se baisse pour arracher une plante parasite poussée devant lui. Il l'évite par un détour, la respecte, l'enferme comme si elle était précieuse, comme si elle était sacrée, dans les circuits tortueux de son labour. Ses champs sont donc pleins de touffes d'arbrisseaux, dont quelques-unes si petites qu'un simple effort de la main les pourrait extirper. La vue seule de cette culture mixte de broussailles et de céréales finit par tant énerver l'œil qu'on a envie de prendre une pioche et de défricher les terres où circulent, à travers les jujubiers sauvages, ces triades fantastiques de chameaux, de charrues et d'Arabes.

On retrouve bien, dans cette indifférence tranquille, dans ce respect pour la plante poussée sur la terre de Dieu, l'âme fataliste de l'Oriental. Si elle a grandi là, cette plante, c'est que le Maître l'a voulu, sans doute. Pourquoi défaire son œuvre et la détruire? Ne vaut-il pas mieux se détourner et l'éviter? Si elle croît jusqu'à couvrir le champ entier, n'y a-t-il point d'autres terres plus loin? Pourquoi prendre cette peine, faire un geste, un effort de plus, augmenter d'une fatigue, si légère soit-elle, la besogne indispensable?

Chez nous, le paysan, rageur, jaloux de la terre plus que de sa femme, se jetterait, la pioche aux mains, sur l'ennemi poussé chez lui et, sans repos jusqu'à ce qu'il l'eût vaincu, il frapperait, avec de grands gestes de bûcheron, la racine tenace enfoncée au sol.

Ici, que leur importe? Jamais non plus ils n'enlèvent la pierre rencontrée; ils la contournent aussi. En une heure, certains champs pourraient être débarrassés, par un seul homme, des rochers mobiles qui forcent le soc de charrue à des ondulations sans nombre. Ils ne le seront jamais. La pierre est là, qu'elle y reste. N'est-ce pas la volonté de Dieu?

Quand les nomades ont ensemencé le territoire

choisi par eux, ils s'en vont, cherchant ailleurs des pâturages pour leurs troupeaux et laissant une seule famille à la garde des récoltes.

Nous sommes à présent dans un immense domaine de 140,000 hectares, qu'on nomme l'Enfida, et qui appartient à des Français. L'achat de cette propriété démesurée, vendue par le général Kheired-Din, ex-ministre du bey, a été une des causes déterminantes de l'influence française en Tunisie.

Les circonstances, qui ont accompagné cet achat sont amusantes et caractéristiques. Quand les capitalistes français et le général se furent mis d'accord sur le prix, on se rendit chez le cadi pour rédiger l'acte ; mais la loi tunisienne contient une disposition spéciale qui permet aux voisins limitrophes d'une propriété vendue de réclamer la préférence à prix égal.

Chez nous, par prix égal, on entendrait exprimer une somme égale en n'importe quelles espèces ayant cours ; mais le code oriental, qui laisse toujours ouverte une porte pour les chicanes, prétend que le prix sera payé par le voisin réclamant en monnaies identiquement pareilles : même nombre de titres de même nature, de billets de banque de même valeur, de pièces d'or, d'argent ou de cuivre. Enfin, afin de rendre, en certains cas, insoluble cette difficulté, il permet au cadi d'autoriser le premier acheteur à ajouter aux sommes stipulées une poignée de menues piécettes indéterminées, par conséquent inconnues, ce qui met les voisins limitrophes dans l'impossibilité absolue de fournir une somme strictement et matériellement semblable.

Devant l'opposition d'un Israélite, M. Lévy, voisin de l'Enfida, les Français demandèrent au cadi l'autorisation d'ajouter au prix convenu cette poignée de menues monnaies. L'autorisation leur fut refusée.

Mais le code musulman est fécond en moyens, et un autre se présenta. Ce fut d'acheter cet énorme bloc de terres de 140,000 hectares, moins un ruban d'un mètre, sur tout le contour. Dès lors, il n'y avait plus contact avec aucun voisin; et la société franco-africaine demeura, malgré tous les efforts de ses ennemis et du ministère beylical, propriétaire de l'Enfida.

Elle y a fait faire de grands travaux dans toutes les parties fertiles, a planté des vignes, des arbres, fondé des villages et divisé les terres par portions régulières de 10 hectares chacune, afin que les Arabes eussent toute facilité pour choisir et indiquer leur choix sans erreur possible.

Pendant deux jours, nous allons traverser cette province tunisienne avant d'en atteindre l'autre extrémité. Depuis quelque temps, la route, une simple piste à travers les touffes de jujubiers, était devenue meilleure, et l'espoir d'arriver avant la nuit à Bou-Ficha, où nous devions coucher, nous réjouissait, quand nous aperçûmes une armée d'ouvriers de toute race occupés à remplacer ce chemin passable par une voie française, c'est-à-dire par un chapelet de dangers, et nous devons reprendre le pas. Ils sont surprenants, ces ouvriers. Le nègre lippu, aux gros yeux blancs, aux dents éclatantes, pioche à côté de l'Arabe au fin profil, de l'Espagnol poilu, du Marocain, du Maure, du Maltais et du terrassier français égaré, on ne sait comment ni pourquoi, en ce pays; il y a aussi là des Grecs, des Turcs, tous les types de Levantins ; et on songe à ce que doit être la moyenne de morale, de probité et d'aménité de cette horde.

Vers trois heures, nous atteignons le plus vaste caravansérail que j'aie jamais vu. C'est toute une ville, ou plutôt un village enfermé dans une seule enceinte, qui contient, l'une après l'autre, trois cours immenses où sont parqués en de petites cases les hommes, boulangers, savetiers, marchands divers, et, sous des arcades, les bêtes. Quelques cellules propres, avec des lits et des nattes, sont réservés pour les passants de distinction.

Sur le mur de la terrasse, deux pigeons blancs argentés et luisants nous regardent avec des yeux rouges qui brillent comme des rubis.

Les chevaux ont bu. Nous repartons.

La route se rapproche un peu de la mer, dont nous découvrons la traînée bleuâtre à l'horizon. Au bout d'un cap, une ville apparaît, dont la ligne, droite, éblouissante sous le soleil couchant, semble courir sur l'eau. C'est Hammamet, qui se nommait Put-Put sous les Romains. Au loin, devant nous, dans la plaine, se dresse une ruine ronde qui, par un effet de mirage, semble gigantesque. C'est encore un tombeau romain, haut seulement de 10 mètres, qu'on nomme Kars-el-Menara.

Le soir vient. Sur nos têtes le ciel est resté bleu, mais devant nous s'étale une nuée violette, opaque, derrière laquelle le soleil s'enfonce. Au bas de cette couche de nuages s'allonge sur l'horizon et sur la mer un mince ruban rose, tout droit, régulier, et qui devient, de minute en minute, de plus en plus lumineux à mesure que descend vers lui l'astre invisible. De lourds oiseaux passent d'un vol lent; ce sont, je crois, des buses. La sensation du soir est profonde, pénètre l'âme, le cœur, le corps avec une rare puissance, dans cette lande sauvage qui va ainsi jusqu'à Kairouan, à deux jours de marche devant nous. Telle doit être, à l'heure du crépuscule, le steppe russe. Nous rencontrons trois hommes en burnous. De loin, je les prends pour des nègres tant ils sont noirs et luisants, puis je reconnais le type arabe. Ce sont des gens du Souf, curieuse oasis presque enfouie dans les sables entre les Chotts et Tougourt. La nuit bientôt s'étend sur nous. Les chevaux ne vont plus qu'au pas. Mais soudain surgit dans l'ombre un mur blanc. C'est l'intendance nord de l'Enfida, le bordj de Bou-Ficha, sorte de forteresse carrée, défendue par des murs sans ouvertures et par une porte de fer contre les surprises des Arabes. On nous attend. La femme de l'intendant, Mme Moreau, nous a préparé un fort bon dîner. Nous avons fait 80 kilomètres, malgré les ponts et chaussées.

12 décembre.

Nous partons au point du jour. L'aurore est rose, d'un rose intense. Comment l'exprimer? Je dirais saumonée si cette note était plus brillante. Vraiment nous manquons de mots pour faire passer devant les yeux toutes les combinaisons des tons. Notre regard, le regard moderne, sait voir la gamme infinie des nuances. Il distingue toutes les unions de couleurs entre elles, toutes les dégradations qu'elles subissent, toutes leurs modifications sous l'influence des voisinages, de la lumière, des ombres, des heures du jour. Et pour dire ces milliers de subtiles colorations, nous avons seulement quelque mots, les mots simples qu'employaient nos pères afin de raconter les rares émotions de leurs yeux naïfs.

Regardons les étoffes nouvelles. Combien de tons inexprimables entre les tons principaux! Pour les évoquer, on ne peut se servir que de comparaisons qui sont toujours insuffisantes.

Ce que j'ai vu, ce matin-là, en quelques minutes, je ne saurais, avec des verbes, des noms et des adjectifs, le faire voir.

Nous nous approchons encore de la mer, ou plutôt d'un vaste étang qui s'ouvre sur la mer. Avec ma lunette-jumelle, j'aperçois, dans l'eau, des flamants, et je quitte la voiture afin de ramper vers eux entre les broussailles et de les regarder de plus près.

J'avance. Je les vois mieux. Les uns nagent, d'autres sont debout sur leurs longues échasses. Ce sont des taches blanches et rouges qui flottent, ou bien des fleurs énormes poussées sur une menue tige de pourpre, des fleurs groupées par centaines, soit sur la berge, soit dans l'eau. On dirait des plates-bandes de lis carminés, d'où sortent, comme d'une corolle, des têtes d'oiseau tachées de sang au bout d'un cou mince et recourbé.

J'approche encore, et soudain la bande la plus proche me voit ou me flaire, et fuit. Un seul s'enlève d'abord, puis tous partent. C'est vraiment l'envolée prodigieuse d'un jardin, dont toutes les corbeilles l'une après l'autre s'élancent au ciel; et je suis longtemps, avec ma jumelle, les nuages roses et blancs qui s'en vont là-bas, vers la mer, en laissant traîner derrière eux toutes ces pattes sanglantes, fines comme des branches coupées.

Ce grand étang servait autrefois de refuge aux flottes des habitants d'Aphrodisium, pirates redoutables qui s'embusquaient et se réfugiaient là.

On aperçoit au loin les ruines de cette ville, où Bélisaire fit halte dans sa marche sur Carthage. On y trouve encore un arc de triomphe, les restes d'un temple de Vénus et d'une immense forteresse.

Sur le seul territoire de l'Enfida, on rencontre ainsi les vestiges de dix-sept cités romaines. Là-bas, sur le rivage, est Hergla, qui fut l'opulente Aurea Cœlia d'Antonin, et si, au lieu d'incliner vers Kairouan, nous continuions en ligne droite, nous verrions, le soir du troisième jour de marche, se dresser dans une plaine absolument inculte l'amphithéâtre de Ed-Djem, aussi grand que le Colisée de Rome, débris colossal qui pouvait contenir 80,000 spectateurs.

Autour de ce géant, qui serait presque intact si Hamouda, bey de Tunis, ne l'avait fait ouvrir à coups de canon pour en déloger les Arabes qui refusaient de payer l'impôt, on a trouvé, de place en place, quelques traces d'une grande ville luxueuse, de vastes citernes et un immense chapiteau corinthien de l'art le plus pur, bloc unique de marbre blanc.

Quelle est l'histoire de cette cité, la Tusdrita de Pline, la Thysdrus de Ptolémée, dont le nom seul se trouve transcrit une ou deux fois par les historiens? Que lui manque-t-il pour être célèbre, puisqu'elle fut si grande, si peuplée et si riche? Presque rien, un Homère!

Sans lui, qu'eût été Troie? qui connaîtrait Ithaque?

Dans ce pays, on apprend par ses yeux ce qu'est l'histoire et surtout ce que fut la Bible. On comprend que les patriarches et tous les personnages légendaires, si grands dans les livres, si imposants dans notre imagination, furent de pauvres hommes qui erraient à travers les peuplades primitives, comme errent ces Arabes graves et simples, pleins encore de l'âme antique et vêtus du costume antique. Les patriarches ont eu seulement des poëtes historiens pour chanter leur vie.

Une fois au moins par jour, au pied d'un olivier, au coin d'un bois de cactus, on rencontre la *Fuite en Égypte;* et on sourit en songeant que les peintres galants ont fait asseoir la Vierge Marie sur l'âne qui fut monté sans aucun doute par Joseph, son époux, tandis qu'elle suivait à pas pesants, un peu courbée, portant sur son dos, dans un burnous gris de poussière, le petit corps, rond comme une boule, de l'enfant Jésus.

Celle que nous voyons surtout, à chaque puits, c'est Rebecca. Elle est habillée d'une robe en laine bleue, superbement drapée, porte aux chevilles des anneaux d'argent et, sur la poitrine, un collier de plaques du même métal, unies par des chaînettes. Quelquefois, elle se cache la figure à notre approche; quelquefois aussi, quand elle est belle, elle nous montre un frais et brun visage, qui nous regarde avec de grands yeux noirs. C'est bien la fille de la Bible, celle dont le cantique a dit : *Nigra sum sed formosa,* celle qui, soutenant une outre sur son front par les chemins pierreux, montrant la chair ferme et bronzée de ses jambes, marchant d'un pas tranquille, en balançant doucement sa taille souple sur ses hanches, tenta les anges du ciel, comme elle nous tente encore, nous qui ne sommes point des anges.

En Algérie et dans le Sahara algérien, toutes les femmes, celles des villes comme celles des tribus, sont vêtues de blanc. En Tunisie, au contraire, celles des cités sont enveloppées de la tête aux pieds en des voiles de mousseline noire qui en font d'étranges apparitions dans les rues si claires des petites villes du sud, et celles des campagnes sont habillées avec des robes gros bleu d'un gracieux et grand effet, qui leur donne une allure encore plus biblique.

Nous traversons maintenant une plaine où l'on voit partout les traces du travail humain, car nous approchons du centre de l'Enfida, baptisé Enfidaville, après s'être nommé Dar-el-Bey.

Voici là-bas des arbres! Quel étonnement! Ils sont déjà hauts, bien que plantés seulement depuis quatre ans, et témoignent de l'étonnante richesse de cette terre et des résultats que peut donner une culture raisonnée et sérieuse. Puis, au milieu de ces arbres, apparaissent de grands bâtiments sur lesquels flotte le drapeau français. C'est l'habitation du régisseur général et l'œuf de la ville future. Un village s'est déjà formé autour de ces constructions importantes, et un marché y a lieu tous les lundis, où se font de très grosses affaires. Les Arabes y viennent en foule de points très éloignés.

Rien n'est plus intéressant que l'étude de l'organisation de cet immense domaine où les intérêts des indigènes ont été sauvegardés avec autant de soin que ceux des Européens. C'est là un modèle de gouvernement agraire pour ces pays mêlés où des mœurs essentiellement opposées et diverses appellent des institutions très délicatement prévoyantes.

Après avoir déjeuné dans cette capitale de l'Enfida, nous partons pour visiter un très curieux village perché sur un roc éloigné d'environ cinq kilomètres.

D'abord nous traversons des vignes, puis nous rentrons dans la lande, dans ces longues étendues de terre jaune, parsemées seulement de touffes maigres de jujubiers.

La nappe d'eau souterraine est à deux ou trois ou cinq mètres sous presque toutes ces plaines, qui pourraient devenir, avec un peu de travail, d'immenses champs d'oliviers.

On y voit seulement, de place en place, de petits bois de cactus grands à peine comme nos vergers.

Voici l'origine de ces bois :

Il existe en Tunisie un usage fort intéressant appelé *droit de vivification du sol,* qui permet à tout Arabe de s'emparer des terres incultes et de les féconder si le propriétaire n'est point présent pour s'y opposer.

Donc l'Arabe, apercevant un champ qui lui paraît fertile, y plante, soit des oliviers, soit surtout des cactus appelés à tort par lui figuiers de Barbarie, et, par ce seul fait, s'assure la jouissance de la moitié de chaque récolte jusqu'à extinction de l'arbre. L'autre moitié appartient au propriétaire foncier, qui n'a plus dès lors qu'à surveiller la vente des produits, pour toucher sa part régulière.

L'Arabe envahisseur doit prendre soin de ce champ, l'entretenir, le défendre contre les vols, le sauvegarder de tout mal comme s'il lui appartenait en propre, et, chaque année, il met les fruits aux enchères pour que le partage soit équitable. Presque toujours, d'ailleurs, il s'en rend lui-même acquéreur, et paye alors au vrai propriétaire une sorte de fermage irrégulier et proportionnel à la valeur de chaque récolte.

Ces bois de cactus ont un aspect fantastique. Les troncs tordus ressemblent à des corps de dragons, à des membres de monstres aux écailles soulevées et hérissées de pointes. Quand on en rencontre un le soir, au clair de lune, on croirait vraiment entrer dans un pays de cauchemars.

Tout le pied du roc escarpé qui porte le village de Tac-Rouna est couvert de ces hautes plantes diaboliques. On traverse une forêt du Dante. On croit qu'elles vont remuer, agiter leurs larges feuilles rondes, épaisses et couvertes de longues aiguilles, qu'elles vont vous saisir, vous étreindre, vous déchirer avec ces redoutables griffes. Je ne sais rien de plus hallucinant que ce chaos de pierres énormes et de cactus qui garde le pied de cette montagne.

Tout à coup, au milieu de ces rochers et de ces végétaux à l'air féroce, nous découvrons un puits entouré de femmes, qui viennent chercher de l'eau. Les bijoux d'argent de leurs jambes et de leurs cous brillent au soleil. En nous apercevant, elles cachent leurs faces brunes sous un pli de l'étoffe bleue qui les drape, et, un bras levé sur leur front, nous laissent passer en cherchant à nous voir.

Le sentier est escarpé, à peine bon pour des mulets. Les cactus aussi ont grimpé le long du chemin, dans les roches. Ils semblent nous accompagner, nous entourer, nous enfermer, nous suivre et nous devancer. Là-haut, tout au sommet de la montée, apparaît toujours le dôme éclatant d'une koubba.

Voici le village : un amas de ruines, de murs croulants, où on ne parvient guère à distinguer les trous habités de ceux qui ne servent plus. Les pans de muraille encore debout au nord et à l'ouest sont tellement minés et menaçants que nous n'osons pas nous aventurer au milieu : une secousse les ferait crouler.

La vue de là-haut est magnifique. Au sud, à l'est, à l'ouest, la plaine infinie que la mer baigne sur une longue étendue. Au nord, des montagnes pelées, rouges, dentelées comme la crête des coqs. Tout au loin, le Djebel-Zaghouan, qui domine la contrée entière.

Ce sont les dernières montagnes que nous apercevrons maintenant jusqu'à Kairouan.

Ce petit village de Tac-Rouna est une espèce de place forte arabe, tout à fait à l'abri d'un coup de main. Tac, d'ailleurs, est un diminutif de Tackesche, qui veut dire forteresse. Une des principales fonctions des habitants, car on ne peut, en ce cas, dire « occupations, » consiste à garder dans leurs silos les grains que les nomades leur confient après la moisson.

Nous revenons, le soir, coucher à Enfidaville.

13 décembre.

Nous passons d'abord au milieu des vignes de la Société franco-africaine, puis nous atteignons des plaines démesurées où errent, par tout l'horizon, ces apparitions inoubliables faites d'un chameau, d'une charrue et d'un Arabe. Puis le sol devient aride, et devant nous j'aperçois, avec la jumelle, un grand désert de pierres énormes, debout, dans tous les sens, à droite, à gauche, à perte de vue. En approchant, on reconnaît des dolmens. C'est là une nécropole de proportions inimaginables, car elle couvre quarante hectares ! Chaque tombeau est composé de quatre pierres plates. Trois debout forment le fond et les deux côtés, une autre, posée dessus, sert de toit. Pendant longtemps, toutes les fouilles faites par le régisseur de l'Enfida pour découvrir des caveaux sous ces monuments mégalithiques sont demeurées inutiles. Il y a dix-huit mois ou deux ans, M. Hamy, conservateur du musée d'ethnographie de Paris, après beaucoup de recherches, parvint à découvrir l'entrée de ces tombes souterraines, cachée avec beaucoup d'adresse sous un lit de roches épaisses. Il a trouvé dedans quelques ossements et des vases de terre révélant des sépultures berbères. D'un autre côté, M. Mangiavacchi, régisseur de l'Enfida, a indiqué, non loin de là, les traces presque disparues d'une vaste cité berbère. Quelle pouvait être cette ville qui a couvert de ses morts une étendue de quarante hectares ?

Chez les Orientaux, d'ailleurs, on est frappé sans cesse par la place abandonnée aux ancêtres dans ce monde. Les cimetières sont immenses, innombrables. On en rencontre partout. Les tombes dans la ville du Caire tiennent plus de place que les maisons. Chez nous, au contraire, la terre coûte cher et les disparus ne comptent plus. On les empile, on les entasse l'un contre l'autre, l'un sur l'autre, l'un dans l'autre, en un petit coin, hors la ville, dans la banlieue, entre quatre murs. Les dalles de marbre et les croix de bois couvrent des générations enfouies là depuis des siècles. C'est un fumier de morts à la porte des villes. On leur donne tout juste le temps de perdre leur forme dans la terre engraissée déjà par la pourriture humaine, le temps de mêler encore leur chair décomposée à cette argile cadavérique; puis, comme d'autres arrivent sans cesse, et qu'on cultive dans les champs voisins des plantes potagères pour les vivants, on fouille à coups de pioche ce sol mangeur d'hommes, on en arrache les os rencontrés, têtes bras, jambes, côtes, de mâles, de femelles et d'enfants, oubliés et confondus ensemble; on les jette, pêle-mêle, dans une tranchée, et on offre aux morts récents, aux morts dont on sait encore le nom, la place volée aux autres que personne ne connaît plus, que le néant a repris tout entiers; car il faut être économe dans les sociétés civilisées.

En sortant de ce cimetière antique et démesuré, nous apercevons une maison blanche. C'est El-Menzel, l'intendance sud de l'Enfida, où finit notre étape.

Comme nous étions restés longtemps à causer après dîner, l'idée nous vint de sortir quelques minutes avant de nous mettre au lit. Un clair de lune magnifique éclairait le steppe et, glissant entre les écailles de cactus énormes poussés à quelques mètres devant nous, leur donnait l'aspect surnaturel d'un troupeau de bêtes infernales éclatant tout à coup et jetant en l'air, en tous sens, les plaques rondes de leurs corps affreux.

Nous étant arrêtés pour les regarder, un bruit lointain, continu, puissant, nous frappa. C'étaient des voix innombrables, aiguës ou graves, de tous les timbres imaginables, des sifflements, des cris, des appels, la rumeur inconnue et terrifiante d'une foule affolée, d'une foule innommable, irréelle, qui devait se battre quelque part, on ne savait où, dans le ciel ou sur la terre. Tendant l'oreille vers tous les points de l'horizon, nous finîmes par découvrir que cette clameur venait du sud. Alors quelqu'un s'écria :

— Mais ce sont les oiseaux du lac Triton.

Nous devions, en effet, le lendemain, passer à côté de ce lac, appelé par les Arabes El-Kelbia (la chienne), d'une superficie de 10,000 à 13,000 hectares, dont certains géographes modernes font l'ancienne mer intérieure d'Afrique, qu'on avait placée jusqu'ici dans les chotts Fedjedj, R'arsa et Melr'ir.

C'était bien, en effet, le peuple piaillard des oiseaux d'eau, campé, comme une armée de tribus diverses, sur les bords du lac, éloigné cependant de 16 kilomètres, qui faisait dans la nuit ce grand vacarme confus, car ils sont là des milliers, de toute race, de toute forme, de toute plume, depuis le canard au nez plat, jusqu'à la cigogne au long bec. Il y a des armées de flamants et de grues, des flottes de macreuses et de goélands, des régiments de grèbes, de pluviers, de bécassines, de mouettes. Et sous les doux clairs de lune, toutes ces bêtes, égayées par la belle nuit, loin de l'homme, qui n'a point de demeure près de leur grand royaume liquide, s'agitent, poussent leurs cris, causent sans doute en leur langue d'oiseaux, emplissent le ciel lumineux de leurs voix perçantes, auxquelles répondent seulement l'aboiement lointain des chiens arabes ou le jappement des chacals.

14 décembre.

Après avoir encore traversé quelques plaines cultivées çà et là par les indigènes, mais demeurées la plupart du temps complètement incultes, bien que très fertilisables, nous découvrons sur la gauche la longue nappe d'eau du lac Triton. On s'en approche peu à peu, et on y croit voir des îles, de grandes îles nombreuses, tantôt blanches, tantôt noires. Ce sont des peuplades d'oiseaux qui nagent, qui flottent, par masses compactes. Sur les bords, des grues énormes se promènent deux par deux, trois par trois, sur leurs hautes pattes. On en aperçoit d'autres dans la plaine, entre les touffes du maquis que dominent leurs têtes inquiètes.

Ce lac, dont la profondeur atteint six ou huit

mètres, a été complètement à sec cet été, après les quinze mois de sécheresse qu'a subis la Tunisie, ce qui ne s'était pas vu de mémoire d'homme. Mais, malgré son étendue considérable, en un seul jour il fut rempli à l'automne, car c'est en lui que se ramassent toutes les pluies tombées sur les montagnes du centre. La grande richesse future de ces campagnes tient à ceci, qu'au lieu d'être traversées par des rivières souvent vides, mais au cours précis et qui canalisent l'eau du ciel, comme l'Algérie, elles sont à peine parcourues par des ravines où le moindre barrage suffit pour arrêter les torrents. Or leur niveau étant partout le même, chaque averse tombée sur les monts lointains se répand sur la plaine entière, en fait, pendant plusieurs jours ou pendant plusieurs heures, un immense marécage, et y dépose, à chacune de ces inondations, une couche nouvelle de limon qui l'engraisse et la fertilise, comme une Égypte qui n'aurait point de Nil.

Nous arrivons maintenant en des landes illimitées, où se répand une lèpre intermittente, une petite plante grasse vert-de-grisâtre dont les chameaux sont très friands. Aussi aperçoit-on, pâturant à perte de vue, d'immenses troupeaux de dromadaires. Quand nous passons au milieu d'eux, ils nous regardent de leurs gros yeux luisants, et on se croirait aux premiers temps du monde, aux jours où le Créateur hésitant jetait à poignées sur la terre, comme pour juger la valeur et l'effet de son œuvre douteuse, les races informes qu'il a depuis peu à peu détruites, tout en laissant survivre quelques types primitifs sur ce grand continent négligé, l'Afrique, où il a oublié dans les sables la girafe, l'autruche et le dromadaire.

Ah! la drôle et gentille chose que voici : une chamelle qui vient de mettre bas, et qui s'en va vers le campement, suivie de son chamelet que poussent, avec des branches, deux petits Arabes dont la figure n'arrive pas au derrière du petit chameau. Il est grand, lui, déjà, monté sur des jambes très hautes portant un rien du tout de corps que terminent un cou d'oiseau et une tête étonnée dont les yeux regardent depuis un quart d'heure seulement ces choses nouvelles : le jour, la lande et la bête qu'il suit. Il marche très bien pourtant, sans embarras, sans hésitation, sur ce terrain inégal, et il commence à flairer la mamelle, car la nature ne l'a fait si haut, cet animal vieux de quelques minutes, que pour lui permettre d'atteindre au ventre escarpé de sa mère.

En voici d'autres âgés de quelques jours, d'autres encore âgés de quelques mois, puis de très grands, dont le poil a l'air d'une broussaille, d'autres tout jaunes, d'autres d'un gris blanc, d'autres noirâtres. Le paysage devient tellement étrange que je n'ai jamais rien vu qui lui ressemble. A droite, à gauche, des lignes de pierres sortent de terre, rangées comme des soldats, toutes dans le même ordre, dans le même sens, penchées vers Kairouan, invisible encore. On les dirait en marche, par bataillons, ces pierres dressées l'une derrière l'autre, par files droites, éloignées de quelques centaines de pas. Elles couvrent ainsi plusieurs kilomètres. Entre elles, rien que du sable argileux. Ce soulèvement est un des plus curieux du monde. Il a d'ailleurs sa légende.

Quand Sidi-Okba, avec ses cavaliers, arriva dans ce désert sinistre où s'étale aujourd'hui ce qui reste de la ville sainte, il campa dans cette solitude. Ses compagnons, surpris de le voir s'arrêter dans ce lieu, lui conseillèrent de s'éloigner, mais il répondit :

— Nous devons rester ici et même y fonder une ville, car telle est la volonté de Dieu.

Ils lui objectèrent qu'il n'y avait ni eau pour boire. ni bois ni pierres pour construire.

Sidi-Okba leur imposa silence par ces mots : « Dieu y pourvoira. »

Le lendemain, on vint lui annoncer qu'une levrette avait trouvé de l'eau. On creusa donc à cet endroit, et on découvrit, à seize mètres sous le sol, la source qui alimente le grand puits coiffé d'une coupole où un chameau tourne, tout le long du jour, la manivelle élévatoire.

Le lendemain encore, des Arabes, envoyés à la découverte, annoncèrent à Sidi-Okba qu'ils avaient aperçu des forêts sur les pentes de montagnes voisines.

Et le jour suivant, enfin, des cavaliers, partis le matin, rentrèrent au galop, en criant qu'ils venaient de rencontrer des pierres, une armée de pierres en marche, envoyées par Dieu sans aucun doute.

Kairouan, malgré ce miracle, est construite presque entièrement en briques.

Mais voilà que la plaine est devenue un marais de boue jaune où les chevaux glissent, tirent sans avancer, s'épuisent et s'abattent. Ils enfoncent dans cette vase gluante jusqu'aux genoux. Les roues y entrent jusqu'aux moyeux. Le ciel s'est couvert, la *pluie tombe*, une pluie fine qui embrume horizon. Tantôt le chemin semble meilleur quand on gravit une des sept ondulations appelées les sept collines de Kairouan, tantôt il redevient un épouvantable cloaque lorsqu'on redescend dans l'entre-deux. Soudain la voiture s'arrête ; une des roues de derrière est enrayée par le sable.

Il faut mettre pied à terre et se servir de ses jambes. Nous voici donc sous la pluie, fouettés par un vent furieux, levant à chaque pas une énorme botte de glaise qui englue nos chaussures, appesantit notre marche jusqu'à la rendre exténuante, plongeant parfois en des fondrières de boue, essoufflés, maudissant le sud glacial, et faisant vers la cité sacrée un pèlerinage qui nous vaudra peut-être quelque indulgence après ce monde, si, par hasard, le Dieu du Prophète est le vrai.

On sait que, pour les croyants, sept pèlerinages à Kairouan valent un pèlerinage à La Mecque.

Après un kilomètre ou deux de ce piétinement épuisant, j'entrevois dans la brume, au loin, devant moi, une tour mince et pointue, à peine visible, à peine plus teintée que le brouillard, et dont le sommet se perd dans la nuée. C'est une apparition vague et saisissante qui se précise peu à peu, prend une forme plus nette et devient un grand minaret debout dans le ciel sans qu'on voit rien autre chose, rien autour, rien au-dessous : ni la ville, ni les murs, ni les coupoles des mosquées. La pluie nous fouette la figure, et nous allons lentement vers ce phare grisâtre dressé devant nous comme une tour-fantôme qui va tout à l'heure s'effacer, rentrer dans la nappe de brume où elle vient de surgir.

Puis, sur la droite, s'estompe un monument chargé de dômes : c'est la mosquée dite du Barbier, et enfin apparaît la ville, une masse indistincte, indécise, derrière le rideau de pluie; et le minaret semble moins grand que tout à l'heure, comme s'il venait de s'enfoncer dans les murs après s'être élevé jusqu'au firmament pour nous guider vers la cité.

Oh! la triste cité perdue dans ce désert, en cette solitude aride et désolée! Par les rues étroites et tortueuses, les Arabes, à l'abri dans les échoppes des vendeurs, nous regardent passer; et, quand nous rencontrons une femme, ce spectre noir entre ces murs jaunis par l'averse semble la mort qui se promène.

L'hospitalité nous est offerte par le gouverneur tunisien de Kairouan, Si-Mohammed-el-Marabout, général du bey, très noble et très pieux musulman ayant accompli trois fois déjà le pèlerinage de La Mecque. Il nous conduit, avec une politesse empressée et grave, vers les chambres destinées aux étrangers, où nous trouvons de grands divans et d'admirables couvertures arabes dans lesquelles on se roule pour dormir. Pour nous faire honneur, un de ses fils nous apporte, de ses propres mains, tous les objets dont nous avons besoin.

Nous dînons, ce soir même, chez le contrôleur civil et consul français, où nous trouvons un accueil charmant et gai, qui nous réchauffe et nous console de notre triste arrivée.

15 décembre.

Le jour ne paraît pas encore quand un de mes compagnons me réveille. Nous avons projeté de prendre un bain maure dès la première heure, avant de visiter la ville.

On circule déjà par les rues, car les Orientaux

se lèvent avant le soleil, et nous apercevons entre les maisons un beau ciel propre et pâle plein de promeses de chaleur et de lumière,

On suit des ruelles, encore des ruelles, on passe le puits où le chameau emprisonné dans la coupole tourne sans fin pour monter l'eau, et on pénètre dans une maison sombre, aux murs épais, où l'on ne voit rien d'abord, et dont l'atmosphère humide et chaude suffoque un peu dès l'entrée.

Puis on aperçoit des Arabes qui sommeillent sur des nattes; et le propriétaire du lieu, après nous avoir fait dévêtir, nous introduit dans les étuves, sortes de cachots noirs et voûtés où le jour naissant tombe du sommet par une vitre étroite, et dont le sol est couvert d'une eau gluante dans laquelle on ne peut marcher sans risquer, à chaque pas, de glisser et de tomber.

Or, après toutes les opérations du massage, quand nous revenons au grand air, une ivresse de joie nous étourdit, car le soleil levé illumine les rues et nous montre, blanche comme toutes les villes arabes, mais plus sauvage, plus durement caractérisée, plus marquée de fanatisme, saisissante de pauvreté visible, de noblesse misérable et hautaine, Kairouan la sainte.

Les habitants viennent de passer par une horrible disette, et on reconnaît bien partout cet air de famine qui semble répandu sur les maisons mêmes. On vend, comme dans les bourgades du centre africain, toutes sortes d'humbles choses en des boutiques grandes comme des boîtes, où les marchands sont accroupis à la turque. Voici des dattes de Gafsa ou du Souf, agglomérées en gros paquets de pâte visqueuse, dont le vendeur, assis sur la même planche, détache des fragments avec ses doigts. Voici des légumes, des piments, des pâtes, et, dans les souks, longs bazars tortueux et voûtés, des étoffes, des tapis, de la sellerie ornementée de broderies d'or et d'argent, et une inimaginable quantité de savetiers qui fabriquent des babouches de cuir jaune. Jusqu'à l'occupation française, les Juifs n'avaient pu s'établir en cette ville impénétrable. Aujourd'hui ils y pullulent et la rongent. Ils détiennent déjà les bijoux des femmes et les titres de propriété d'une partie des maisons, sur lesquelles ils ont prêté de l'argent, et dont ils deviennent vite possesseurs, par suite du système de renouvellement et de multiplication de la dette qu'ils pratiquent avec une adresse et une rapacité infatigables.

Nous allons vers la mosquée Djama-Kebir ou

de Sidi-Okba, dont le haut minaret domine la ville et le désert qui l'isole du monde. Elle nous apparaît soudain, au détour d'une rue. C'est un immense et pesant bâtiment soutenu par d'énormes contreforts, une masse blanche, lourde, imposante, belle d'une beauté inexplicable et sauvage. En y pénétrant apparaît d'abord une cour magnifique enfermée par un double cloître que supportent deux lignes élégantes de colonnes romaines et romanes. On se croirait dans l'intérieur d'un beau monastère d'Italie.

La mosquée proprement dite est à droite, prenant jour sur cette cour par dix-sept portes à double battant, que nous faisons ouvrir toutes grandes avant d'entrer.

Je ne connais par le monde que trois édifices religieux qui m'aient donné l'émotion inattendue et foudroyante de ce barbare et surprenant monument : le Mont-Saint-Michel, Saint-Marc de Venise, et la chapelle Palatine à Palerme.

Ceux-là sont les œuvres raisonnées, étudiées, admirables, de grands architectes sûrs de leurs effets, pieux sans doute, mais artistes avant tout, qu'inspira l'amour des lignes, des formes et de la beauté décorative, autant et plus que l'amour de Dieu. Ici c'est autre chose. Un peuple fanatique, errant, à peine capable de construire des murs, venu sur une terre couverte de ruines laissées par ses prédécesseurs, y ramassa partout ce qui ui parut le plus beau, et, à son tour, avec ces débris de même style et de même ordre, éleva, mû par une inspiration sublime, une demeure à son Dieu, une demeure faite de morceaux arrachés aux villes croulantes, mais aussi parfaite et aussi magnifique que les plus pures conceptions des plus grands tailleurs de pierre.

Devant nous apparaît un temple démesuré, qui a l'air d'une forêt sacrée, car cent quatre-vingts colonnes d'onyx, de porphyre et de marbre supportent les voûtes de dix-sept nefs correspondant aux dix-sept portes.

Le regard s'arrête, se perd dans cet emmêlement profond de minces piliers ronds d'une élégance irréprochable, dont toutes les nuances se mêlent et s'harmonisent, et dont les chapiteaux byzantins, de l'école africaine et de l'école orientale, sont d'un travail rare et d'une diversité infinie. Quelques-uns m'ont paru d'une beauté parfaite. Le plus original peut-être représente un palmier tordu par le vent.

A mesure que j'avance en cette demeure divine, toutes les colonnes semblent se déplacer, tourner autour de moi et former des figures variées d'une régularité changeante.

Dans nos cathédrales gothiques, le grand effet est obtenu par la disproportion voulue de l'élévation avec la largeur. Ici, au contraire, l'harmonie unique de ce temple bas vient de la proportion et du nombre de ces fûts légers qui portent l'édifice, l'emplissent, le peuplent, le font ce qu'il est, créent sa grâce et sa grandeur. Leur multitude colorée donne à l'œil l'impression de l'illimité, tandis que l'étendue peu élevée de l'édifice donne à l'âme une sensation de pesanteur. Cela est vaste comme un monde, et on y est écrasé sous la puissance d'un Dieu.

Le Dieu qui a inspiré cette œuvre d'art superbe est bien celui qui dicta le Coran, non point celui des Évangiles. Sa morale ingénieuse s'étend plus qu'elle ne s'élève, nous étonne par sa propagation plus qu'elle ne nous frappe par sa hauteur.

Partout on rencontre de remarquables détails. La chambre du sultan, qui entrait par une porte réservée, est faite d'une muraille en bois ouvragée comme par des ciseleurs. La chaire aussi, en panneaux curieusement fouillés, donne un effet très heureux, et la mihrab qui indique La Mecque est une admirable niche de marbre sculpté, peint et doré, d'une décoration et d'un style exquis.

A côté de cette mihrab, deux colonnes voisines laissent à peine entre elles la place de glisser un corps humain. Les Arabes qui peuvent y passer sont guéris des rhumatismes d'après les uns. D'après les autres, ils obtiendraient certaines faveurs plus idéales.

En face de la porte centrale de la mosquée, la neuvième, à droite comme à gauche, se dresse, de l'autre côté de la cour, le minaret. Il a cent vingt-neuf marches. Nous les montons.

De là-haut, Kairouan, à nos pieds, semble un damier de terrasses de plâtre, d'où jaillissent de tous côtés les grosses coupoles éblouissantes des mosquées et des koubbas. Tout autour, à perte de vue, un désert jaune, illimité, tandis que, près des murs, apparaissent çà et là les plaques vertes des champs de cactus. Cet horizon est infiniment vide et triste et plus poignant que le Sahara lui-même.

Kairouan, paraît-il, était beaucoup plus grande. On cite encore les noms des quartiers disparus. Ce sont : Drâa-el-Temmar, colline des marchands de dattes; Drâa-el-Ouiba, colline des mesureurs de blé; Drâa-el-Kerrouïa, colline des marchands d'épices; Drâa-el-Gatrania, colline des marchands de goudron; Derb-es-Mesmar, le quartier des marchands de clous.

Isolée, hors la ville, distante à peine de 1 kilomètre, la zaouïa, ou plutôt la mosquée de Sidi-Sahab (le barbier du Prophète), attire de loin le regard; nous nous mettons en marche vers elle.

Toute différente de Djama-Kebir, dont nous sortons, celle-ci, nullement imposante, est bien la plus gracieuse, la plus colorée, la plus coquette des mosquées, et le plus parfait échantillon de l'art décoratif arabe que j'aie vu.

On pénètre par un escalier de faïences antiques, d'un style délicieux, dans une petite salle d'entrée pavée et ornée de la même façon. Une longue cour la suit, étroite, entourée d'un cloître aux arcs en fer à cheval retombant sur des colonnes romaines et donnant, quand on y entre par un jour éclatant, l'éblouissement du soleil coulant en nappe dorée sur tous ces murs recouverts également de faïences aux tons admirables et d'une variété infinie. La grande cour carrée où l'on arrive ensuite en est aussi entièrement décorée. La lumière luit, ruisselle, et vernit de feu cet immense palais d'émail, où s'illuminent sous le flamboiement du ciel saharien tous les dessins et toutes les colorations de la céramique orientale. Au-dessus courent des fantaisies d'arabesques inexprimablement délicates. C'est dans cette cour de féerie que s'ouvre la porte du sanctuaire qui contient le tombeau de Sidi-Sahab, compagnon et barbier du Prophète, dont il garda trois poils de barbe sur sa poitrine jusqu'à sa mort.

Ce sanctuaire, orné de dessins réguliers en marbre blanc et noir, où s'enroulent des inscriptions, plein de tapis épais et de drapeaux, m'a paru moins beau et moins imprévu que les deux cours inoubliables par où l'on y parvient.

En sortant, nous traversons une troisième cour peuplée de jeunes gens. C'est une sorte de séminaire musulman, une école de fanatiques.

Toutes ces zaouïas dont le sol de l'Islam est couvert sont pour ainsi dire les œufs des innombrables ordres et confréries entre lesquels se partagent les dévotions particulières des croyants.

Les principales de Kairouan (je ne parle pas des mosquées qui appartiennent à Dieu seul) sont : zaouïa de Si-Mohammed-Elouani; zaouïa de Sidi-Abd-el-Kader-ed-Djilani, le plus grand saint de l'Islam et le plus vénéré; zaouïa et-Tidjani; zaouïa de Si-Hadid-el-Khrangani; zaouïa de

Sidi-Mohammed-ben-Aïssa de Meknès, qui contient des tambourins, des derboukas, sabres, pointes de fer et autres instruments indispensables aux cérémonies sauvages des Aïssaoua.

Ces innombrables ordres et confréries de l'Islam, qui rappellent par beaucoup de points nos ordres catholiques, et qui, placés sous l'invocation d'un marabout vénéré, se rattachent au Prophète par une chaîne de pieux docteurs que les Arabes nomment « Selselat », ont pris, depuis le commencement du siècle surtout, une extension considérable et sont le plus redoutable rempart de la religion mahométane contre la civilisation et la domination européennes.

Sous ce titre : *Marabouts et Khouan*, M. le commandant Rinn les a énumérés et analysés d'une façon aussi complète que possible.

Je trouve en ce livre quelques textes des plus curieux sur les doctrines et pratiques de ces confédérations.

Chacune d'elles affirme avoir conservé intacte l'obéissance aux cinq commandements du Prophète et tenir de lui la seule voie pour atteindre l'union avec Dieu, qui est le but de tous les efforts religieux des musulmans.

Malgré cette prétention à l'orthodoxie absolue

et à la pureté de la doctrine, tous ces ordres et confréries ont des usages, des enseignements et des tendances fort divergents.

Les uns forment de puissantes associations pieuses, dirigées par de savants théologistes de vie austère, hommes vraiment supérieurs, aussi instruits théoriquement que redoutables diplomates dans leurs relations avec nous, et qui gouvernent avec une rare habileté ces écoles de science sacrée, de morale élevée et de combat contre l'Européen. Les autres forment de bizarres assemblages de fanatiques ou de charlatans, ont l'air de troupes de bateleurs religieux, tantôt exaltés, convaincus, tantôt purs saltimbanques exploitant la bêtise et la foi des hommes.

Comme je l'ai dit, le but unique des efforts de tout bon musulman est l'union intime avec Dieu. Divers procédés mystiques conduisent à cet état parfait, et chaque confédération possède sa méthode d'entraînement. En général, cette méthode mène le simple adepte à un état d'abrutissement absolu, qui en fait un instrument aveugle et docile aux mains du chef.

Chaque ordre a, à sa tête, un cheik, maître de l'ordre : « Tu seras entre les mains de ton cheik comme le cadavre entre les mains du laveur des morts. Obéis-lui en tout ce qu'il a ordonné, car c'est Dieu même qui commande par sa voix. Lui désobéir, c'est encourir la colère de Dieu. N'oublie pas que tu es son esclave et que tu ne dois rien faire sans son ordre.

« Le cheik est l'homme chéri de Dieu ; il est supérieur à toutes les autres créatures et prend rang après les prophètes. Ne vois donc que lui, lui partout. Bannis de ton cœur toute autre pensée que celle qui aurait Dieu ou le cheik pour objet. »

Au-dessous de ce personnage sacré sont les *moquaddem*, vicaires du cheik, propagateurs de la doctrine.

Enfin, les simples initiés à l'ordre s'appellent les *khouan*, les frères.

Chaque confrérie, pour atteindre l'état d'hallucination où l'homme se confond avec Dieu, a donc son oraison spéciale, ou plutôt sa gymnastique d'abrutissement. Cela se nomme le *dirkr*.

C'est presque toujours une invocation très courte, ou plutôt l'énoncé d'un mot ou d'une phrase qui doit être répété un nombre infini de fois.

Les adeptes prononcent, avec des mouvements réguliers de la tête et du cou, deux cents, cinq cents, mille fois de suite, soit le mot Dieu, soit

la formule qui revient en toutes leurs prières :
« Il n'y a de divinité que Dieu, » en y ajoutant
quelques versets dont l'ordre est le signe de reconnaissance de la confrérie.

Le néophyte, au moment de son initiation
s'appelle *talamid*, puis après l'initiation il devient
mourid, puis *faqir*, puis *soufi*, puis *salek*, puis
med jedoub (le ravi, l'halluciné). C'est à ce moment que se déclare chez lui l'inspiration ou la
folie, l'esprit se séparant de la matière et obéissant à la poussée d'une sorte d'hystérie mystique.
L'homme, dès lors, n'appartient plus à la vie
physique. La vie spirituelle seule existe pour lui,
et il n'a plus besoin d'observer les pratiques du
culte.

Au-dessus de cet état, il n'y a plus que celui
de *touhid*, qui est la suprême béatitude, l'identification avec Dieu.

L'extase aussi a ses degrés, qui sont très
curieusement décrits par Cheik-Snoussi, affilié à
l'ordre des Khelouatya, visionnaires-interprètes
des songes. On remarquera les rapprochements
étranges qu'on peut faire entre ces mystiques et
les mystiques chrétiens.

Voici ce qu'écrit Cheik-Snoussi : « ... L'adepte
jouit ensuite de la manifestation d'autres lu-

mières qui sont pour lui le plus parfait des talismans.

« Le nombre de ces lumières est de soixante-dix mille ; il se subdivise en plusieurs séries, et compose les *sept degrés* par lesquels on parvient à l'état parfait de l'âme. Le premier de ces degrés est l'humanité. On y aperçoit dix mille lumières, perceptibles seulement pour ceux qui peuvent y arriver : leur couleur est terne. Elles s'entremêlent les unes dans les autres... Pour atteindre le second, il faut que le cœur se soit sanctifié. Alors on découvre dix mille autres lumières inhérentes à ce second degré, qui est celui de *l'extase passionnée;* leur couleur est bleu clair... On arrive au troisième degré, qui est *l'extase du cœur*. Là on voit l'enfer et ses attributs, ainsi que dix mille autres lumières dont la couleur est aussi rouge que celle produite par une flamme pure... Ce point est celui qui permet de voir les génies et tous leurs attributs, car le cœur peut jouir de sept états spirituels accessibles seulement à certains affiliés.

« S'élevant ensuite à un autre degré, on voit dix mille lumières nouvelles, inhérentes à l'état d'extase de l'âme immatérielle. Ces lumières sont d'une couleur jaune très accentuée. On y aperçoit les âmes des prophètes et des saints.

« Le cinquième degré est celui de l'extase mystérieuse. On y contemple les anges et dix mille autres lumières d'un blanc éclatant.

« Le sixième est celui de l'extase d'obsession. On y jouit aussi de dix mille autres lumières dont la couleur est celle des miroirs limpides. Parvenu à ce point, on ressent un délicieux ravissement d'esprit qui a pris le nom d'*el-Khadir* et qui est le principe de la vie spirituelle. Alors seulement on voit notre prophète Mohammed.

« Enfin on arrive aux dix mille dernières lumières cachées en atteignant ce septième degré, qui est la béatitude. Ces lumières sont vertes et blanches; mais elles subissent des transformations successives : ainsi elles passent par la couleur des pierres précieuses pour prendre ensuite une teinte claire, puis enfin acquièrent une autre teinte qui n'a pas de similitude avec une autre, qui est sans ressemblance, qui n'existe nulle part, mais qui est répandue dans tout l'univers... Parvenu à cet état, les attributs de Dieu se dévoilent... Il ne semble plus alors qu'on appartienne à ce monde. Les choses terrestres disparaissent pour vous. »

Ne voilà-t-il pas les sept châteaux du ciel de

sainte Thérèse et les sept couleurs correspondant aux sept degrés de l'extase? Pour atteindre cet affolement, voici le procédé spécial employé par les Khelouatya :

« On s'assoit les jambes croisées et on répète pendant un certain temps : « Il n'y a de dieu qu'Allah, » en portant la bouche alternativement de dessus l'épaule droite, au-devant du cœur, sous le sein gauche. Ensuite on récite l'invocation qui consiste à articuler les noms de Dieu, qui implique l'idée de sa grandeur et de sa puissance, en ne citant que les dix suivants, dans l'ordre où ils se trouvent placés : Lui, Juste, Vivant, Irrésistible, Donneur par excellence, Pourvoyeur par excellence, Celui qui ouvre à la vérité les cœurs des hommes endurcis, Unique, Éternel, Immuable. »

Les adeptes, à la suite de chacune des invocations, doivent réciter cent fois de suite ou même plus certaines oraisons.

Ils se forment en cercle pour faire leurs prières particulières. Celui qui les récite, en disant *Lui*, avance la tête au milieu du rond en l'obliquant à droite, puis il la reporte en arrière, du côté gauche, vers la partie extérieure. Un seul d'entre eux commence à dire le mot *Lui;* après quoi tous les autres en chœur, en faisant aller la tête à droite, puis à gauche.

Comparons ces pratiques avec celles des Quadrya : « S'étant assis, les jambes croisées, ils touchent l'extrémité du pied droit, puis l'artère principale nommée *el-Kias* qui contourne les entrailles ; ils placent la main ouverte, les doigts écartés, sur le genou, portent la face vers l'épaule droite en disant *ha*, puis vers l'épaule gauche en disant *hou*, puis la baissent en disant *hi*, puis recommencent. Il importe, et cela est indispensable, que celui qui les prononce s'arrête sur le premier de ces noms aussi longtemps que son haleine le lui permet ; puis, quand il s'est purifié, il appuie de la même manière sur le nom de Dieu, tant que son âme peut être sujette au reproche ; ensuite il articule le nom *hou* quand la personne est disposée à l'obéissance ; enfin lorsque l'âme a atteint le degré de perfection désirable, il peut dire le dernier nom *hi*. »

Ces prières, qui doivent amener l'anéantissement de l'individualité de l'homme, absorbé dans l'essence de Dieu (c'est-à-dire l'état à la suite duquel on arrive à la contemplation de Dieu en ses attributs), s'appellent *ouerd-debered*.

Mais parmi toutes les confréries algériennes,

c'est assurément celles des Aïssaoua qui attire le plus violemment la curiosité des étrangers.

On sait les pratiques épouvantables de ces jongleurs hystériques qui, après s'être entraînés à l'extase en formant une sorte de chaîne magnétique et en récitant leurs prières, mangent les feuilles épineuses des cactus, des clous, du verre pilé, des scorpions, des serpents. Souvent ces fous dévorent avec des convulsions affreuses un mouton vivant, laine, peau, chair sanglante et ne laissent à terre que quelques os. Ils s'enfoncent des pointes de fer dans les joues ou dans le ventre; et on trouve après leur mort, quand on fait leur autopsie, des objets de toute nature entrés dans les parois de l'estomac.

Eh bien, on rencontre dans les textes des Aïssaoua les plus poétiques prières et les plus poétiques enseignements de toutes les confréries islamiques.

Je cite d'après M. le commandant Rinn quelques phrases seulement :

« Le Prophète dit un jour à Abou-Dirr-el-R'ifari : « O Abou-Dirr, le rire des pauvres est une adoration; leurs jeux, la proclamation de la louange de Dieu; leur sommeil, l'aumône. »

Le cheik a encore dit :

« Prier et jeûner dans la solitude et n'avoir aucune compassion dans le cœur, cela s'appelle, dans la bonne voie, de l'hypocrisie.

« L'amour est le degré le plus complet de la perfection. Celui qui n'aime pas n'est arrivé à rien dans la perfection. Il y a quatre sortes d'amour : l'amour par l'intelligence, l'amour par le cœur, l'amour par l'âme, l'amour mystérieux... »

Qui donc a jamais défini l'amour d'une manière plus complète, plus subtile et plus belle?

On pourrait multiplier à l'infini les citations.

Mais, à côté de ces ordres mystiques qui appartiennent aux grands rites orthodoxes musulmans, existe une secte dissidente, celles des Ibadites ou ou Beni-Mzab, qui présente des particularités fort curieuses.

Les Beni-Mzab habitent, au sud de nos possessions algériennes, dans la partie la plus aride du Sahara, un petit pays, le Mzab, qu'ils ont rendu fertile par de prodigieux efforts.

On retrouve avec stupéfaction, dans la petite république de ces puritains de l'Islam, les principes gouvernementaux de la commune socialiste, en même temps que l'organisation de l'Église presbytérienne en Écosse. Leur morale est dure, intolérante, inflexible. Ils ont l'horreur de l'effusion du sang et ne l'admettent que pour la défense de la foi. La moitié des actes de la vie, le contact accidentel ou volontaire de la main d'une femme, d'un objet humide, sale ou défendu, sont des fautes graves qui réclament des ablutions particulières et prolongées.

Le célibat, qui pousse à la débauche, la colère, les chants, la musique, le jeu, la danse, toutes les formes du luxe, le tabac, le café pris dans un établissement public, sont des péchés qui peuvent faire encourir, si on y persévère, une redoutable excommunication appelé la *tebria*.

Contrairement à la doctrine de la plupart des congréganistes musulmans, qui déclarent les pratiques pieuses, les oraisons et l'exaltation mystique suffisantes pour sauver le fidèle, quels que soient ses actes, les Ibadites n'admettent le salut éternel de l'homme que par la pureté de sa vie. Ils poussent à l'excès l'observation des prescriptions du Coran, traitent en hérétiques les derviches et les fakirs, ne croient pas valable auprès de Dieu, maître souverainement juste et inflexible, l'intervention des prophètes ou saints, dont cependant ils vénèrent la mémoire. Ils nient les inspirés et les illuminés, et ne reconnaissent pas même à l'iman le droit d'amnistier son semblable, car Dieu seul peut être juge de l'importance des fautes et de la valeur du repentir.

Les Ibadites sont d'ailleurs des schismatiques, qui appartiennent au plus ancien des schismes de l'Islam, et descendent des assassins d'Ali, gendre du Prophète.

Mais les ordres qui comptent en Tunisie le plus d'adhérents semblent être en première ligne, avec les Aïssaoua, ceux des Tidjanya et des Qadrya, ce dernier fondé par Abd-el-Kader-el-Djinani, le plus saint homme de l'Islam, après Mohammed.

Les zaouïas de ces deux marabouts, que nous visitons après celle du Barbier, sont loin d'atteindre l'élégance et la beauté des deux monuments que nous avons vus d'abord.

16 décembre.

La sortie de Kairouan vers Sousse augmente encore l'impression de tristesse de la ville sainte.

Après de longs cimetières, vastes champs de pierres, voici des collines d'ordures faites des détritus de la ville, accumulés depuis des siècles;

puis recommence la plaine marécageuse, où on marche souvent sur des carapaces de petites tortues, puis toujours la lande où pâturent des chameaux. Derrière nous la ville, les dômes, les mosquées, les minarets se dressent dans cette solitude morne, comme un mirage du désert, puis peu à peu s'éloignent et disparaissent.

Après plusieurs heures de marche, la première halte a lieu près d'une koubba, dans un massif d'oliviers. Nous sommes à Sidi-L'Hanni, et je n'ai jamais vu le soleil faire d'une coupole blanche une plus étonnante merveille de couleur. Est-elle blanche ? — Oui, — blanche à aveugler ! et pourtant la lumière se décompose si étrangement sur ce gros œuf, qu'on y distingue une féerie de nuances mystérieuses, qui semblent évoquées plutôt qu'apparues, illusoires plus que réelles, et si fines, si délicates, si noyées dans ce blanc de neige qu'elles ne s'y montrent pas tout de suite, mais après l'éblouissement et la surprise du premier regard. Alors on n'aperçoit plus qu'elles, si nombreuses, si diverses, si puissantes et presque invisibles pourtant ! Plus on regarde, plus elles s'accentuent. Des ondes d'or coulent sur ces contours, secrètement éteintes dans un bain lilas, léger comme une buée, que traversent par places des traînées bleuâtres. L'ombre immobile d'une branche est peut-être grise, peut-être verte, peut-être jaune? je ne sais pas. Sous l'abri de la corniche, le mur, plus bas, me semble violet : et je devine que l'air est mauve autour de ce dôme aveuglant qui me paraît à présent presque rose, oui, presque rose, quand on le contemple trop, quand la fatigue de son rayonnement mêle tous ces tons si fins et si clairs qu'ils affolent les yeux. Et l'ombre, l'ombre de cette koubba sur ce sol, de quelle nuance est-elle ? Qui pourra le savoir, le montrer, le peindre? Pendant combien d'années faudra-t-il tremper nos yeux et notre pensée dans ces colorations insaisissables, si nouvelles pour nos organes instruits à voir l'atmosphère de l'Europe, ses effets et ses reflets, avant de comprendre celles-ci, de les distinguer et de les exprimer jusqu'à donner à ceux qui regarderont les toiles où elles seront fixées par un pinceau d'artiste la complète émotion de la vérité?

Nous entrons à présent dans une région moins nue, où l'olivier pousse. A Moureddin, auprès d'un puits, une superbe fille rit et montre ses dents en nous voyant passer, et, un peu plus loin, nous devançons un élégant bourgeois de Sousse qui rentre à la ville, monté sur son âne et suivi de son nègre qui porte son fusil. Il vient sans doute de visiter son champ d'oliviers ou sa vigne ! Dans le chemin encaissé entre les arbres, c'est un tableautin charmant. L'homme est jeune, vêtu d'une veste verte et d'un gilet rose en partie cachés sous un burnous de soie drapant les reins et les épaules. Assis comme une femme sur son âne qui trottine, il lui tambourine le flanc de ses deux jambes moulées sous des bas d'une blancheur parfaite, tandis qu'il retient fixés à ses pieds, on ne sait comment, deux brodequins vernis qui n'adhèrent point à ses talons.

Et le petit nègre, habillé tout de rouge, court, son fusil sur l'épaule, avec une belle souplesse sauvage, derrière l'âne de son maître.

Voici Sousse.

Mais, je l'ai vue, cette ville ! Oui, oui, j'ai eu cette vision lumineuse autrefois, dans ma toute jeune vie, au collège, quand j'apprenais les croisades dans l'*Histoire de France* de Burette. Oh ! je la connais depuis si longtemps ! Elle est pleine de Sarrasins, derrière ce long rempart crénelé, si haut, si mince, avec ses tours de loin en loin, ses portes rondes, et les hommes à turban qui rôdent à son pied. Oh ! cette muraille, c'est bien celle dessinée dans le livre à images, si régulière

et si propre qu'on la dirait en carton découpé.
Que c'est joli, clair et grisant! Rien que pour
voir Sousse, on devrait faire ce long voyage.
Dieu! l'amour de muraille qu'il faut suivre jusqu'à la mer, car les voitures ne peuvent entrer
dans les rues étroites et capricieuses de cette cité
des temps passés. Elle va toujours, la muraille,
elle va jusqu'au rivage, pareille et crénelée,
armée de ses tours carrées, puis elle fait une
courbe, suit la rive, tourne encore, remonte et
continue sa ronde, sans modifier une fois, pendant quelques mètres seulement, son coquet aspect de rempart sarrasin. Et sans finir, elle recommence, à la façon d'un chapelet dont chaque
grain est un créneau et chaque dizaine une tourelle, enfermant dans son cercle éblouissant,
comme dans une couronne de papier blanc, la
ville serrée dans son étreinte et qui étage ses
maisons de plâtre entre le mur du bas, baigné
dans le flot, et le mur du haut, profilé sur le ciel.

Après avoir parcouru la cité, entremêlement
de ruelles étonnantes, comme il nous reste une
heure de jour, nous allons visiter, à dix minutes
des portes, les fouilles que font les officiers sur
l'emplacement de la nécropole d'Hadrumète. On
y a découvert de vastes caveaux contenant

jusqu'à vingt sépulcres et gardant des traces de peintures murales. Ces recherches sont dues aux officiers, qui deviennent, en ces pays, des archéologues acharnés, et qui rendraient à cette science de très grands services si l'administration des beaux-arts n'arrêtait leur zèle par des mesures vexatoires.

En 1860, on a mis au jour, en cette même nécropole, une très curieuse mosaïque représentant le labyrinthe de Crète, avec le minotaure au centre, et près de l'entrée une barque amenant Thésée, Ariane et son fil. Le bey voulut faire apporter à son musée cette pièce remarquable, qui fut totalement détruite en route. On a bien voulu m'en offrir une photographie faite sur un croquis de M. Larmande, dessinateur des ponts et chaussées. Il n'en existe que quatre, exécutées tout récemment. Je ne crois pas qu'une d'elles ait encore été reproduite.

Nous revenons à Sousse au soleil couchant, pour dîner chez le contrôleur civil de France, un des hommes les mieux renseignés et les plus intéressants à écouter parler des mœurs et des coutumes de ce pays.

De son habitation on domine la ville entière, cette cascade de toits carrés, vernis de chaux, où courent des chats noirs et où se dresse parfois le fantôme d'un être drapé en des étoffes pâles ou colorées. De place en place, un grand palmier passe la tête entre les maisons et étale le bouquet vert de ses branches au-dessus de leur blancheur unie.

Puis quand la lune se fut levée, cela devint une écume d'argent roulant à la mer, un rêve prodigieux de poète réalisé, l'apparition invraisemblable d'une cité fantastique d'où montait une lueur au ciel.

Puis nous avons erré fort longtemps par les rues. La baie d'un café maure nous tente. Nous entrons. Il est plein d'hommes assis ou accroupis, soit par terre, soit sur les planches garnies de nattes, autour d'un conteur arabe. C'est un vieux, gras, à l'œil malin, qui parle avec une mimique si drôle qu'elle suffirait à amuser. Il raconte une farce, l'histoire d'un imposteur qui voulut se faire passer pour marabout, mais que l'iman a dévoilé. Ses naïfs auditeurs sont ravis et suivent le récit avec une attention ardente, qu'interrompent seuls des éclats de rire. Puis nous nous remettons à marcher, ne pouvant, par cette nuit éblouissante, nous décider au sommeil.

Et voilà qu'en une rue étroite je m'arrête devant une belle maison orientale dont la porte ouverte montre un grand escalier droit, tout décoré de faïences et éclairé, du haut en bas, par une lumière invisible, une cendre, une poussière de clarté tombée on ne sait d'où. Sous cette lueur inexprimable, chaque marche émaillée attend quelqu'un, peut-être un vieux mulsulman ventru, mais je crois qu'elle appelle un pied d'amoureux. Jamais je n'ai mieux deviné, vu, compris, senti l'attente que devant cette porte ouverte et cet escalier vide où veille une lampe inaperçue. Au dehors, sur le mur éclairé par la lune, est suspendu un de ces grands balcons fermés qu'ils appellent une *barmakli*. Deux ouvertures sombres au milieu, derrière les riches ferrures contournées des moucharabis. Est-elle là dedans qui veille, qui écoute et nous déteste, la Juliette arabe dont le cœur frémit? Oui, peut-être? Mais son désir tout sensuel n'est point de ceux qui, dans nos pays à nous, monteraient aux étoiles par des nuits pareilles. Sur cette terre amollissante et tiède, si captivante que la légende des Lotophages y est née dans l'île de Djerba, l'air est plus savoureux que partout, le soleil plus chaud, le jour plus clair, mais le cœur ne sait pas aimer. Les femmes, belles et ardentes, sont ignorantes de nos tendresses. Leur âme simple reste étrangère aux émotions sentimentales, et leurs baisers, dit-on, n'enfantent point le rêve.

TABLE

	Pages.
I. LASSITUDE	1
II. LA NUIT	10
III. LA CÔTE ITALIENNE	25
LA SICILE	53
I. D'ALGER A TUNIS	127
II. TUNIS	141
VERS KAIROUAN	169

Paris. — Maison Quantin, L.-H. May, directeur,
7, rue Saint-Benoît.